Pierluigi Romeo di Colloredo

DALLA TORRE CADE UN SUONO DI BRONZO

VIAGGIO NELLA SIENA ESOTERICA DAGLI ETRUSCHI AL PALIO.

*Inde alios ineunt cursus aliosque recursus
adversi spatiis, alternosque orbibus orbis
impediunt pugnaeque cient simulacra sub armis*

Virgilio.

*Finché nel furore policromo
del bruciante mulinello
mi guarda Siena
da dentro la sua guerra,
mi cerca dentro con gli occhi
addannati dei suoi veliti
percossa dai suoi tamburi
 trafitta dai suoi vessilli*

Mario Luzi.

A Paky

Pierluigi Romeo di Colloredo Mels è archeologo professionista e storico militare; laureato e specializzato in Archeologia, colla-bora con la Soprintendenza Archeologica per il Lazio; autore di numerosi articoli scientifici e saggi storici, ha pubblicato, tra gli altri, Il trionfo di Vespasiano. La battaglia di Cremona, 24 ottobre 69 d.C., Roma 2015, Roma contro Roma. L'anno dei quattro imperatori e le due battaglie di Bedriacum, Bergamo 2017; I Cavalieri della Croce Nera. L'Ordensbuch del 1264: Statuto, Regola e Storia militare dell'Ordine Teutonico, Genova 2009; Et l'alifante battaglio coll'aquila. Sigismondo Pandolfo dei Malatesti e Federico da Montefeltro, vita parallela di due condottieri nell'Italia del XV secolo, Roma 2009; La battaglia dimenticata. Monte Celio, 12 aprile 1498, Bergamo 2016; Rodolfo di Colloredo, un Feldmaresciallo italiano nella Guerra dei Trent'Anni, Bergamo 2017. La sua famiglia è legata alla storia senese per due Governatori della città, Marzio (1530- 1591) e Fabrizio (1576- 1645), ed è iscrit-ta dal 1627 alla Nobiltà Senese, ciò che attenua il suo essere extra moenia.

ISBN: 9788893273343 prima edizione Marzo 2017
Title: **Dalla torre cade un suono di bronzo (Bookmoon Saggi BMS012)**
di Pierluigi Romeo di Colloredo Mels
Editor: Soldiershop Publishing per i tipi Bookmoon.
Cover & Art Design: L. S. Cristini.

Sommario.

Premessa. Terra di Siena, terra di misteri. .... Pag. 5
1 Lusus Troiae e Probatio Equitum: cavalieri e iniziazioni nell'Italia etrusco- romana .... Pag. 10
2 La città del Bianco e Nero. Senio e Aschio, i mitici fondatori. .... pag. 25
3 Nella Piazza del Campo ci nasce la verbena. Il Campo, Fonte Gaia, Diana. ..... Pag. 33
4 La Balzana, il Duomo, la Vergine..... Pag. 55
5 Il manto dell'Assunta: la Vergine e le Contrade. .... Pag. 79
Conclusioni. Lusus Troiae, Equorum Probatio e Palio di Siena. .... Pag. 93
Appendice. Regolamento per il Palio. .... Pag. 99
Bibliografia essenziale. .... Pag. 141

PREMESSA.

Terra di Siena, terra di misteri.

Il mistero della città viene dalle sue strade, strette, curve, girate le une sulle altre, a forma di spirale o di chiocciola; o, se vogliamo prendere il paragone più vieto, dei petali d'una rosa che si coprono con i loro strati.

Guido Piovene, *Viaggio in Italia*, 1957

Questo lavoro, che vuole essere *in primis* un omaggio a Siena ed al suo palio, è nato in origine come uno studio sui punti di collegamento tra i vari esercizi e gare equestri d'età prima etrusca e poi romana con l'attuale palio, cercando di tracciarne analogie e differenze, punti di continuità e i mutamenti inevitabili dopo tanti secoli- si ricordi come l'originario palio di Siena non aveva a che fare con le Contrade, che si sfidavano piuttosto nel gioco dei pugni, nelle bufalate[1] e nelle pallonate, ma era corso individualmente da nobili appartenenti all'ordine cavalleresco che ricevevano come premio un mantello (*pallium*) rivestito di pelliccia di vaio[2].

Mentre procedevo nel lavoro, però, quasi fosse il labirinto dell'originario *lusus Troiae* ho incontrato argomenti che mi sono sembrati degni di considerazione, e che vanno dal simbolismo del pavimento del Duomo, al mai ritrovato fiume Diana, al dualismo simboleggiato dalla Balzana e dal mito dei fondatori leggendari Senio e Aschio- che forse in qualche modo rispecchiano un originario culto di divinità, quali i Dioscuri, legati all'aristocrazia e ai cavalli- sino all'onnipresente richiamo alla Vergine e al probabile culto originario di Diana e Apollo, un universo fatto di luce e di oscurità, come il bianco ed il nero della Balzana.

Non pretendo qui di dimostrare verità indimostrabili, ma solo di proporre analogie, senza pretesa di fornire impossibili certezze. Ma almeno è stata l'occasione di

---

[1] Le Bufalate si corsero a Siena dal 1599 al 1650, con bufale di razza maremmana cavalcate da butteri;ogni Contrada aveva per l'occasione dodici *pungolatori* il cui scopo era di spronare l'animale con un ferro appuntito e raddrizzare la sua corsa, forse, ma di questo non vi è documentazione certa, contro le bufale avversarie per rallentarle o contro i pungolatori avversari). Vinceva il Palio la Contrada la cui bufala avesse compiuto per prima tre giri;si partiva in corrispondenza del *Vicolo di San Paolo* o del *Vicolo dei Borsellai* e si correva in senso inverso rispetto all'attuale Palio.
Anche le Bufalate avevano un vero e proprio Corteo: ciascuna Comparsa era guidata da un Capitano, da un Tenente e un *Sargente*, seguiti dall'Alfiere che *maneggiava* la bandiera; venivano poi i Nobili Protettori della Contrada riccamente vestiti , chiere di cavalli o di gente armata con tamburi o trombe .Anche allora la migliore Comparsa veniva premiata con il Masgalano.
[2] Pelle dello scoiattolo grigio, che ha pancia bianca. Si chiama così (latino *varius*) non solo quando si alterna il bianco al grigio, ma anche quando se ne adopera il solo bianco.
Siricordi che, diversamente dall'uso moderno, la pellicceria era usata sempre come fodera

rivisitare alcuni aspetti meno noti della storia di una delle più belle città del mondo, ed una delle pochissime a conservare le proprie radici bimillenarie, espresse in primo luogo dalla carriera.

Lo faccio con una sorta di rispetto, dal di fuori, perché un non senese- sebbene appartenente ad una famiglia che alla storia della città ha dato due Governatori nel XVI e XVII secolo, e che è iscritta alla nobiltà senese dal 1627, e sebbene sia stato battezzato contradaiolo a quattro anni- non può che muoversi che con attenzione e rispetto, perché per quanto amore possa portare, è e resta estraneo ad una realtà che si vive e si respira ogni giorno della propria vita, ed in cui un estraneo rischia di muoversi come il proverbiale elefante (non quello della Torre!) nella ancor più proverbiale cristalleria.

Come ha scritto Guido Piovene,

L'attaccamento alla Contrada non ha nulla a che fare con le idee, col partito politico, con gli interessi. Dipende in modo esclusivo dal luogo di nascita, dall'atavicità, da tutto quello insomma che è prenatale; non è pensiero, ma passione contratta con il semplice venire al mondo. L'uomo di Siena sente più profondo di tutto, di fronte alla propria Contrada, quello che fu chiamato «il demone di appartenenza».

E ancora Mario Luzi:

Il Palio è il Palio. Nessuna interpretazione sociologica, storica, antropologica, potrebbe spiegarlo. Sublimazione e dannazione insieme del fato in ogni singolo senese e nella sua cittadinanza. Rogo furente della senesità, in ogni caso impareggiabile conferma di essa.

Però, sono archeologo, e degli etruschi posso scrivere e scriverò, come del simbolismo e dell'esoterismo che permeano Siena. Per il resto spero di non aver scritto corbellerie troppo grandi.

E questo libro l'ho scritto anche e soprattutto per chi senese non è, per far conoscere meglio quello che definire *festa*, *evento*, sarebbe ridicolo, in un'Italia che ha preferito proporre all'UNESCO la pizza come patrimonio immateriale dell'umanità piuttosto che il Palio, che prima, durante e dopo la *carriera* trasmette, come nessun'altra occasione in Italia, cultura, tradizione, storia, e soprattutto vita, per le improvvide dichiarazioni di una ministra del Turismo tanto fanatica animalista quanto ignare della venerazione, ancor più che dell'amore, che i senesi nutronuo verso i cavalli del Palio. Che non sia una delle tante feste, fiere, quintane, giostre, palii apocrifi di cui l'Italia trabocca grazie alle proloco lo si vede, lo si vive nei canti dei contradaioli che vanno verso il Campo- la più antica menzione di canti palieschi è del XV secolo e fa riferimento ai contradaioli dell'Aquila che arrivano *ferocemente cantando*- nei loro volti, nelle loro espressioni. Dieci popoli che vanno alla guerra. Dal tempo degli etruschi.

Altius caput maior gloria.

Pierluigi Romeo di Colloreo Mels, *Patr. Sen.*

Da "L'Arme delle Famiglie Nobili Senesi che al momento si trouano e godono, o possono godere, del Supremo Eccelso Maestrato (...) in Roma A. 1716".

L'Autore desidera esprimere la propria riconoscenza all'amico fraterno Gianni Onorati, selvaiolo e senese doc, per i consigli e le correzioni.

*La tua fuga non s'è dunque perduta
in un giro di trottola
al margine della strada:
la corsa che dirada
le sue spire fin qui,
nella purpurea buca
dove un tumulto d'anime saluta
le insegne di Liocorno e di Tartuca.*

*Il lancio dei vessilli non ti muta
nel volto; troppa vampa ha consumati
gl'indizi che scorgesti;
ultimi annunzi quest'odore di ragia e di tempesta
imminente e quel tiepido stillare
delle nubi strappate,
tardo saluto in gloria di una sorte
che sfugge anche al destino. Dalla torre
cade un suono di bronzo: la sfilata
prosegue fra tamburi che ribattono
a gloria di contrade.
E' strano: tu
che guardi la sommossa vastità,
i mattoni incupiti, la malcerta
mongolfiera di carta che si spicca
dai fantasmi animati sul quadrante
dell'immenso orologio, l'arpeggiante
volteggio degli sciami e lo stupore
che invade la conchiglia
del Campo, tu ritieni
tra le dita il sigillo imperioso,
ch'io credevo smarrito
e la luce di prima si diffonde
sulle teste e le sbianca dei suoi gigli.*

*Torna un'eco di là: «c'era una volta»
(rammenta la preghiera che dal buio
ti giunse una mattina)*

*«non un reame, ma l'esile
traccia di filigrana
che senza lasciarvi segno
i nostri passi sfioravano.*

*Sotto la volta diaccia
grava ora un sonno di sasso,
la voce dalla cantina
nessuno ascolta, o sei te.*

*La sbarra in croce non scande
la luce per chi s'è smarrito,
la morte non ha altra voce
di quella che spande la vita».*

*ma un'altra voce qui fuga l'orrore
del prigione e per lei quel ritornello
non vale il ghirigoro d'aste avvolte
(Oca e Giraffa) che s'incrociano alte
e ricadono in fiamme. Geme il palco
al passaggio dei brocchi salutati
da un urlo solo. E' un volo! E tu dimentica!
Dimentica la morte
toto coelo raggiunta e l'ergotante
balbuzie dei dannati! C'era il giorno
dei viventi, lo vedi, e pare immobile
nell'acqua del rubino che si popola
di immagini. Il presente s'allontana
ed il traguardo è là: fuor della selva
dei gonfaloni, su lo scampanìo
del cielo irrefrenato, oltre lo sguardo
dell'uomo - e tu lo fissi. Così alzati,
finché spunti la trottola il suo perno
ma il solco resti inciso. Poi, nient'altro.*

Eugenio Montale, *Palio*, 1939.

Lusus Troiae e *Probatio Equitum*: cavalieri e iniziazioni nell'Italia etrusco- romana

Il Palio non è una manifestazione riesumata ed organizzata a scopo turistico: è la vita del popolo senese nel tempo e nei diversi suoi aspetti e sentimenti. Esso ha origini remote, con alcuni regolamenti ancor oggi validi dal 1644, anno in cui venne corso il primo palio [del tipo attuale] con i cavalli[3], così come ancora avviene, in continuità mai interrotta (ad eccezione del periodo delle due guerre mondiali del XX° secolo).

Il territorio della Città è diviso in diciassette Contrade con dei confini stabiliti nel 1729 dal Bando di Violante di Baviera, Governatrice della Città.

Ogni Contrada è come un piccolo stato, retto da un Seggio con a capo il Priore e guidato nella "giostra" da un Capitano, coadiuvato da due o tre contradaioli detti "mangini" o "tenenti".

Possiede, entro il suo territorio, una Chiesa, detta "Oratorio", con annessa la sede ufficiale, dotata di un Museo, ove viene custodito tutto il suo patrimonio: cimeli, drappelloni delle vittorie, costumi della Comparsa - quelli in uso e molti di antica data - bandiere, archivio e tutto quanto altro concerne la vita della Contrada stessa.

Si giunge pertanto alla mattina del 29 giugno (per il Palio di luglio) o quella del 13 di agosto, quando iniziano gli intensi quattro giorni di preparativi al Palio.

Il complesso meccanismo della festa raggiunge il suo compimento con lo scoppio del mortaretto che annuncia l'uscita dei cavalli dall'Entrone. Ad ogni fantino viene consegnato un nerbo di bue con il quale potrà incitare il cavallo o ostacolare gli avversari durante la corsa. Quindi si procede all'avvicinamento verso la "mossa", ossia il punto dove sono stati tesi due canapi tra i quali saranno chiamati ad allinearsi cavalli e fantini. L'ordine di entrata è stabilito dalla sorte, infatti le Contrade vengono chiamate secondo l'ordine di estrazione, deciso segretamente e declamato ad alta voce dal mossiere. Nella Piazza regna l'assoluto silenzio. La decima e ultima, entrerà invece di "rincorsa" quando lo riterrà più opportuno, decidendo così il momento della partenza. Se la partenza non sarà valida, uno scoppio del mortaretto fermerà i cavalli. Quest'ultimi dovranno compiere tre giri di pista per circa 1000 metri e solo al primo arrivato sarà riservata la gloria della vittoria. Chi vince è comunque il cavallo, infatti può arrivare anche "scosso", ossia senza fantino.

I festeggiamenti iniziano subito: i contradaioli ricevono il Palio e con quello si recano alla Basilica della Madonna di Provenzano (per il Palio di luglio) o in Duomo (ad agosto) per cantare il Maria Mater Gratiae di ringraziamento alla Madonna. Da questo momento in poi ogni occasione sarà buona per ricordare alla città la vittoria conquistata sul Campo, fino all'autunno, quando, tra il mese di settembre e i primi giorni di ottobre, nel rione vittorioso addobbato a festa, si svolgerà la "cena della vittoria" a cui parteciperanno migliaia di

---

[3]Sic! Come vedremo, le cose non stanno assolutamente così.

contradaioli e, al posto d'onore, il cavallo vittorioso, vero e proprio ammirato eroe[4].

Così uno dei migliori siti dedicato al palio di Siena, www.ilpalio.org descrive quella che sicuramente è la più importante celebrazione popolare italiana, di cui il presente lavoro tenterà di tracciare le origini sino al periodo etrusco e romano, cui, malgrado le innumerevoli variazioni dovute al trascorrere dei secoli, molti elementi riportano. Ciò ci permetterà di analizzare anche alcuni aspetti simbolici legati al palio ed alla città di Siena che presentano analogie con il periodo etrusco- romano.

La *Equorum Probatio* era *una specie di prova iniziatica* [dei giovani] *per essere ammessi, una volta in età, all'ordine equestre*, giovani nobili che dovevano dimostrare la loro abilità nel condurre i cavalli come sembra evidenziarsi dalle parole di Dione Cassio: *i figli dei patrizi fecero una giostra a cavallo, chiamata Troia, secondo l'antico costume*. Tale "prova iniziatica", detta *ludus Troiae*, aveva quindi anche un risvolto "tecnico" nell'abilità di condurre la cavalcatura (simile al "capo d'opera" che l'apprendista doveva presentare ai Maestri per essere ammesso nella Corporazione), che forse comportava anche la dimostrazione della capacità del giovane di usare la lancia montando il cavallo senza le staffe (che compariranno solo alla fine dell'Impero portate in Europa dagli Àvari).

Cosa sia il *lusus* o *ludus Troiae* o semplicemente Troia non è certo: sembra trattarsi di un arcaico rituale etrusco, forse raffigurato su di una oinochoe ritrovata a Caere nella necropoli della Tragliatella attualmente custodita nel Palazzo dei Conservatori a Roma (Sala del Camino, n. inv. 358). L'oinochoe (datata intorno al 620 a.C.) presenta nella fascia centrale un labirinto a sette giri sul più esterno dei quali è scritta la parola *Truia*; dal labirinto sembrano uscire due cavalieri imberbi con una gru disegnata sugli scudi; i due cavalieri hanno una gru o un'oca sullo scudo; questi animali sono ambedue collegati a danze sacre, quella delle gru di tipo guerriero e fatta risalire a Teseo o ad Achille.

---

[4]https://www.ilpalio.org/cosa_e_palio.htm

Oinochoe dalla necropoli della Tragliatella, Cerveteri. Musei Capitolini, Roma.

Davanti a loro marciano sette guerrieri anch'essi raffigurati senza barba, armati con sette corte lance, o forse giavellotti, e scudo, su cui è disegnata la parte anteriore di un cinghiale, preceduti da un personaggio nudo e seguiti da un sacerdote che porta un bastone, forse un augure. Dietro il disegno del labirinto vi sono due coppie impegnate in un rapporto sessuale. La scritta interpretata da W. Deecke come *mi amnu arce*, ovvero *questa brocca Amnu fece*, separa la scena dei sette guerrieri da quella costituita da un uomo imberbe con perizoma che poggia la sua mano destra sulla spalla di una ragazza, mentre con la sinistra offre (o riceve) un oggetto tondo alla donna postagli di fronte. Accanto alla ragazza compare ancora una scritta variamente interpretata.

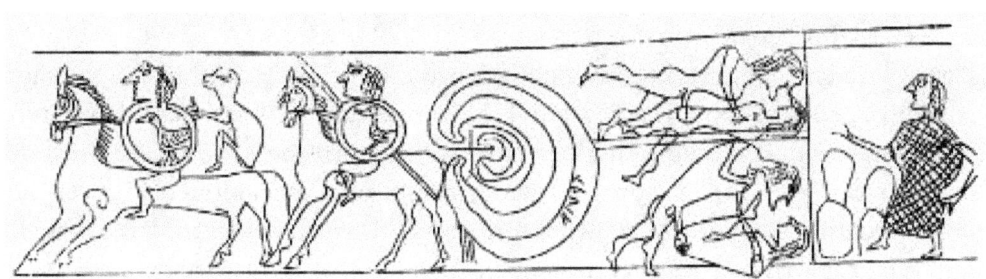

Dal labirinto fuoriescono due gruppi di personaggi; un gruppo di fanti e due cavalieri.

Il primo gruppo è costituito da sette guerrieri con scudo e giavellotti e da un personaggio armato di un'asta verticale dall'estremità arrotondata. I fanti, nudi, sono raffigurati con la gamba sinistra sospesa, ad eseguire una danza interpretata come pyrriche avente valore iniziatico.

La provenienza dei fanti e dei cavalieri dal labirinto e il numero dei fanti danzanti, pari a quello degli uomini che stando alle fonti avrebbero partecipato alla spedizione di Teseo, riconducono però alla danza della *geranos*, la Gru, che lo stesso Teseo eseguì a Delo con i suoi compagni per festeggiare il ritorno da Creta. Durante l'esecuzione i partecipanti erano uniti da una fune e i passi erano guidati da un *geranoulkos* che, tenendo il capo della fune, indicava la direzione della danza rievocando il filo che Arianna aveva donato a Teseo.

E come non pensare ai cavalieri del Palio che dapprima vengono costretti tra i canapi e al ruolo fondamentale, e anche simbolico del canapo.

Il richiamo alla geranos sembra essere confermata dal personaggio che chiude la fila e che reca in mano l'oggetto dall'estremità arrotondata, il quale rappresenterebbe il capo della fune, identificandolo così nel Teseo *geranoulkos* che guida i compagni.

Sull'oinochoe il "Teseo etrusco" si assimilerebbe così al *princeps* che guida i suoi opliti.

I due cavalieri che escono nudi dal labirinto si contraddistinguono invece per uno status apparentemente superiore rispetto ai fanti, sia per la presenza prestigiosa del cavallo che per la lunga asta; l'emblema posto sui loro scudi inoltre richiama la gru, l'uccello che si associa a chi è in grado di guidare nel labirinto, ed è per questo degno del potere regale.

La gru era esaltata nella tradizione antica come l'uccello la cui intelligenza gli consentiva di attraversare il labirinto; colui che lo supera viene dunque ad identificarsi con la gru.

I due cavalieri non sono però uguali; mentre quello prossimo al labirinto impugna il nerbo o l'asta simbolo di comando, l'altro è invece accompagnato sul cavallo da una figura scimmiesca riconducibile alla sfera funeraria. Secondo l'interpretazione quest'ultimo starebbe ad indicare il "vecchio" *geranoulkos* a cui succede il "nuovo", secondo il modello mitico del passaggio di consegne del potere regale tra il padre Egeo e il figlio Teseo.

Particolarmente importante in questa chiave è la presenza, sull'anello esterno del labirinto, dell'iscrizione *truia*, ovvero Troia; i due cavalieri sarebbero da mettere in relazione con il *Troiae lusus*, il gioco equestre descritto da Virgilio che, introdotto da Enea per celebrare la morte del padre Anchise, rappresenterebbe la cerimonia della successione regale, come il vincitore prende il posto del vinto, quasi fosse il *rex sacrorum*. A partire dai due cavalieri inizia un percorso riservato al *geranoulkos* che si snoda attorno al labirinto; alla destra del quale sono raffigurati due gruppi erotici sovrapposti che si differenziano per la diversa posizione assunta dalla donna. I due cavalieri sono dunque coloro che accedendo all'accoppiamento acquisiscono la maturità sessuale. E sono anche coloro che potranno sedere sui due troni posti sotto la tutela di Arianna-Afrodite: quesdto richiama immediatamente alla mente la leggenda dei mitici fondatori di Siena, Senio ed Aschio, di stirpe troiana- non certo a caso- su cui torneremo più avanti.

L'interpretazione più accreditata è dunque quella che collega il complesso figurativo dell'*oinochoe* di Tragliatella con il mito di Teseo, nel quale è da riconoscersi il richiamo al motivo iniziatico della trasformazione interiore in relazione all'ideologia guerriera degli aristocratici etruschi. Il *gioco di Troia* era effettuato in un giorno di purificazione (*dies lustri*).

Una diversa interpretazione pure avanzata è la seguente, che pone una maggiore enfasi sugli aspetti funerari del *lusus*.

La valenza simbolica della battaglia rituale e del percorso labirintico in occasione delle esequie è certamente molteplice. Il percorso labirintico esprime la distanza che separa la sfera della vita e quella della morte e la difficoltà del pasaggio dall'una all'altra. Al tema dell'uscita dal labirinto è ampiamente riconosciuto un significato rituale e iniziatico. Il labirinto è un luogo periglioso, oscuro, pieno di insidie, inaccessibile per chi non sia spiritualmente pronto ad affrontare il pericolo in esso racchiuso. Solo l'eroe, cioè colui che è riuscito a superare i limiti dell'umano, può raggiungere il centro, il cuore del labirinto e rapportarsi al mistero che esso racchiude. L'immagine del labirinto è dunque la rappresentazione simbolica di un percorso rituale iniziatico (dal lt. *inire* = entrare dentro) che porta, attraverso molteplici circonvoluzioni, probabile allusione ai vari gradi di purificazione interiore, dall'esterno all'interno, dalla periferia al centro, punto di svolta dal quale inizia l'inversione del percorso e quindi l'uscita dal labirinto. Il centro del labirinto si ricollega al tema tradizionale del *centro* quale simbolo di origine, di punto di partenza e di ritorno di tutte le cose o anche di Principio primo, fulcro della realtà sensibile e transeunte; esso sembra racchiudere il mistero della vita oltre la morte, o meglio della vita scaturita dalla morte, fonte di ricchezza per chi sappia penetrarlo. La sequenza vita-morte-rinascita rappresenta il paradigma fondante di tutte le manifestazioni della natura, delle stesse divinità ed anche dell'esistenza individuale. Il rito dell'attraversamento del labirinto è attualizzazione e assimilazione di tale motivo. La morte vi è intesa come morte iniziatica, passaggio rituale da una condizione ad un'altra, trasformazione radicale che porta l'uomo alla sua patria celeste. La presenza del motivo del labirinto su questa brocca per il vino, facente parte di un corredo funebre, testimonia un ricorrente legame tra tema del labirinto e necropoli, ampiamente sottolineato dal Kereny[5].

Il labirinto, nelle rappresentazioni che si rifanno al modello cretese, ha al centro il Minotauro, mostro, per metà uomo, per metà toro, raffigurazione della morte che inghiotte. Si tratta di raffigurazioni non univocamente negative, come ricorda Kereny; Talvolta esso è rappresentato da una stella, Asterion o Asterios (altro nome del Minotauro) o dalla luna, l'astro che eternamente si rinnova, e che ci riporta al mitologema di Artemide -Arianna-Persefone, che, rapita, discende agli inferi, per poi tornare nuovamente alla luce. Il mito di Persefone, secondo Kerenyi, rappresenta il modello archetipale dell'esistenza dell'uomo il quale è destinato ad essere rapito dalla morte e a discendere agli inferi, ma, come Persefone, si prepara a rinascere.

La parola *Truia*, scritta da destra a sinistra nell'ultima circonvoluzione del nostro labirinto, secondo alcuni autori, rimanderebbe alla città di Troia, città archetipale, la cui distruzione è il fondamento di nuove civiltà.

Il tema simbolico qui espresso sembra essere quello di una città eterna o città dell'origine, immagine microcosmica della struttura del mondo assunta come nucleo inviolabile, inespugnabile collegato all'idea del Centro, del Principio primo, trascendente. La città di Troia ricorderebbe dunque che la vita e lo sviluppo procedono secondo precise leggi superiori intorno ad un centro significativo di organizzazione e di riferimenti, analogico all'asse celeste.

I cavalieri che escono dal labirinto rimanderebbero dunque proprio all'impresa, all'esperienza del centro, quale esperienza di morte e rinascita individuale. Il cavaliere, l'uomo in dialettico rapporto con il cavallo, in quanto lo guida, ma è a sua volta da esso portato, è presente in moltissimi miti, quale unità simbolica di aspetti vitali, istintuali, ctonii e di aspetti spirituali, celesti. La battaglia che il cavaliere combatte non è solamente una battaglia esterna contro nemici fisici, ma soprattutto una psicomachia, lotta spirituale contro il male per il Bene Supremo. E il cavaliere deve essere dunque un "iniziato" che sa affrontare la morte in quanto è presago di un avvenire ulteriore e in ciò gli è fedele alleato il cavallo, animale chiaroveggente e psicopompo per eccellenza.

Sulla natura di questo percorso, scrive Menichetti, si possono ricordare anche le suggestive pagine di K. Kerényi che ha saputo cogliere gli aspetti ambivalenti del simbolo labirintico: è un mondo destinato al buio, alla marginalità, dove però è necessario passare per giungere alla luce; chi supera questa prova non torna

---

[5] Mauro Menichetti, *L'oinochoe di Tragliatella: mito e rito tra Grecia ed Etruria*, in "Ostraka" I, n.1, 1992, pag. 7 e segg.

all'uscita come quando era entrato. Accanto a questa dimensione se ne colloca un'altra, per cui la prova del labirinto acquista una specifica valenza per così dire politica: risale agli anni Trenta una serie di studi, provenienti dall'ambito della scuola *mitico-rituale*, in cui la figura del labirinto viene rintracciata entro contesti pertinenti ai miti e ai riti della regalità[6]. Troia ed il labirinto furono vinti da quell'astuzia (*-metis-*) che l'iniziando deve mostrare di avere per divenire adulto a tutti gli effetti, con un avvicinamento che lo stesso Virgilio (*Aen.*, V, 588-591) usa riferendosi al percorso del *Lusus Troiae*. L'astuzia, il coraggio e la maturità dei giovani del mito tesaico (nonché del *Lusus*) sono da ritenere condizioni necessarie alla successione regale per cui "ancora una volta la sfera del mito e quella del rito si fronteggiano e si condizionano a vicenda. I danzatori della *géranos*, accompagnati dal *geranoulkòs* sull'esempio della danza delia eseguita da Teseo e compagni, celebrano il superamento della prova iniziatica del labirinto nei termini rituali di una *pyrrìche* ove interviene il solo elemento maschile; ma il labirinto *truia* costituisce anche il campo di prova ove si attua la successione regale ritualmente celebrata e regolata nel *Troiae lusus*[7]. I frutti della maturità sono peraltro ben chiariti dalle ultime immagini del fregio inferiore del vaso, ovvero la doppia scena sessuale (o *hieròs gamos* dell'iniziato e di una dea che ne assiste la maturità sessuale e politica) e l'accesso ai troni vegliati dalla dea.

Dunque il labirinto *truia* viene percorso sia dalla schiera dei danzatori che imitano la *géranos* delila danzata da Teseo e compagni sia dai cavalieri che eseguono il *Troiae lusus*; dallo stesso labirinto *truia* si originano, per così dire, due destini diversi: i danzatori, superata la prova, divengono guerrieri-opliti; i due cavalieri, come detto prima, nelle vesti del «vecchio» e del «nuovo» *geranoulkòs*, accedono allo *hieròs gàmos* e al trono su cui vigila la dea. Appaiono evidenti, a partire dal labirinto quale sim-bolo grafico della città, le allusioni, messe in luce già da tempo da M. Torelli, alla figura di Teseo quale *synoikistés* di una polis che andava costituendosi in Etruria e nel Lazio, e ritrovare su lastre provenienti dalla zona della Regia di Roma le raffigurazioni del Minotauro e dell'uccello gru assume il carat- tere di necessaria e puntuale conferma di quanto finora detto. Si è visto, inoltre, che il labirinto *truia* è il luogo dove si esplica la *métis* dell'eroe, quella stessa qualità che, caratteristica dell'eroe del mito, vediamo associata nella pisside della Pania o nelle lastre architettoniche da Acquarossa o Velletri alle imprese del *princeps*. In altre parole, la métis giustifica l'accesso alla regalità ma essa è una *virtus* che deriva non dalla ripro- duzione automatica del potere operante all'interno delle *gentes* ma dal mito o, ancor più precisamente, dalla buona disposizione di una dea quale Arianna-Afrodite che può elevare alla regalità anche un Thefarie Velianas o un Servio Tullio nella pro-

---

[6] Ibid., p.17.
[7] Ibid., p.27.

spettiva individuata da FilippoCoarelli[8].

A proposito della cavalleria nel mondo villanoviano ed etrusco scrive Maurizio Martinelli che

Va a questo punto ricordato che l'arte equestre assurse precocemente a funzioni sportive e cerimoniali, in un quadro all'interno del quale il cavallo aveva valenze magico-rituali. Pur in assenza di articolate informazioni al riguardo per il mondo villanoviano, disponiamo di dati relativi ad alcuni antichi rituali romani che, come vedremo nei capitoli seguenti, collegavano il cavallo allo sport, alla guerra ed al potere politico[9].

E più avanti:

Non sarà un caso che, tra le discipline sportive d'Etruria, il blocco più antico e "preolimpico" comprendesse, col pugilato, anche le corse di carri e l'equita- zione: sebbene le testimonianze in tal senso siano di epoca orientalizzante è difficile pensare che, quando nelle tombe villanoviane più significative si deponevano morsi di cavallo, non fos- sero in uso attività ludiche equestri int se all'addestramento. E' presente una consistente documentazione sull'esercizio del cosiddetto Lusus Troiae, un'esibizione di destrezza che, seppur effettuata a Roma sino all'età di Claudio, è documentata in Etruria sull'oinochoe di Tragliatella dell'ultimo quarto del VII sec. a.C. (630- 610 a.C.), e di cui Virgilio fa risalire le origini al tempo di Enea. Ad essa partecipavano tre gruppi di giovani di età diversa, tra gli 11 ed i 17 anni, che rappresentavano probabilmente diversi livelli di preparazione premilitare. Per Virgilio il Lusus si teneva all'interno di una celebrazione funebre annuale con giochi di vario tipo, quasi un "saggio ginnico" giovanile al quale tutti si appressavano con segni sacri:

Ore favete omnes et cingite tempora ramis, Sic fatas, velat materna tempora myrto[10].

Il *Lusus Troiae* era così eseguito dai giovanissimi a cavallo ed in armi, come si evince dai versi di Virgilio:

*"Va', corri, e ad Ascanio, se ha già pronta la schiera
dei fanciulli con sé, ed il torneo dei cavalli è allestito,
di' che in onore dell'avo guidi le squadre e si mostri nell'armi»;
diceva, e intanto dal lungo circo
tutta fa uscire la folla ammassata,
comanda che lascino libero il campo.*

---

[8]Ibid., p. 30.
[9]M. Martinelli, *La lancia, la spada, il cavallo. Il fenomeno guerra nell'Etruria e nell'Italia centrale tra età del Bronzo e età del ferro*, Firenze 2004, p. 174
[10]Ibid., p.285.

E i piccoli avanzano insieme,
davanti agli occhi dei padri splendono alti sui cavalli frenati;
tutti, a guardarli passare,
fremono i giovani Teucri e i Trinacrii.
A tutti stringe i capelli, com'è costume, corona sottile,
e portan due aste di corniolo, di ferro le punte;
alcuni han lucenti faretre alle spalle;
a sommo del petto, intorno al collo,
va un giro di duttile oro ritorto.
Tre squadre di cavalieri,
e in pari numero avanzano tre capi:
dodici dietro a ciascuno i fanciulli.
Risplendono in schiere divise,
in linea i capi cavalcano.
 Una è la schiera trionfante
 che un piccolo Priamo guida
e il nome del nonno ripete, tuo caro figlio,
Polite, e gloria futura degli Itali:
un tracio cavallo pezzato di bianco
lo porta, bianche sopra
lo zoccolo le zampe, bianca la fronte arduo levante.
Secondo Ati, da cui gli Atii latini discesero,
il piccolo Ati, fanciullo a Iulo fanciullo assai caro.
Ultimo, ma innanzi a tutti per bellezza,
il bel Iulo monta un cavallo sidonio,
che Didone la candida gli aveva dato,
che fosse pegno e segno d'amore.
Cavalcano gli altri fanciulli
cavalli del vecchio Aceste trinacrio.
 Applaudono ai piccoli ansiosi,
e mentre li guardano, godono i dardani,
le avite fattezze ravvisano.
Poi che, festanti, tutto il consesso
e gli occhi dei padri bearono, alti a cavallo,
il segno che essi sapevano
Epìtide diede, un grido lontano,
e fece schioccare la frusta.
Quelli presero a correre in fila
 e in tre gruppi snodaron le schiere
caracollando, e ancora, a un richiamo,
si voltarono indietro

e l'armi minacciose brandirono.
Poi nuove fughe cominciarono
e nuovi ritorni
correndosi incontro, e i giri coi giri,
alternandosi, intrecciano,
accennan figure di lotta con l'armi:
e ora scoprono in fuga le spalle,
ora le picche rivoltano ferocemente,
e poi, fatta pace,
 ancora insieme galoppano.
Come nell'alta Creta il Labirinto antichissimo,
groviglio di chiuse pareti,
ambiguo inganno di mille vie,
formava un cammino dove ogni traccia,
raccontano, l'indecifrabile e irripetibile intrico
faceva bugiarda; così i figli dei Teucri, correndo,
le tracce aggrovigliano,
 intesson per gioco fughe e battaglie,
 sembrando delfini,
 che a nuoto per l'umide strade il mare
 Carpatico o il Libico solcano
 (e scherzan tra l'onde).
Questo gioco di corse e battaglie,
 per primo Ascanio,
quando Alba cinse la Lunga di mura,
ripeté, insegnò a celebrarlo agli antichi Latini,
 come lui da fanciullo e i piccoli Teucri con lui;
 gli Albani insegnarono ai figli,
 quindi la massima Roma
 l'accolse e conservò il rito patrio,
 e ancora Troia si dice
 e Schiera Troiana i fanciulli".

La descrizione ritrae dunque il *Lusus Troiae* come una evoluzione ippica di tipo guerresco, prosegue Martinelli, avvicinabile per effetto coreografico alle danze armate ma rispetto ad esse molto più vicina ad una prova di destrezza, in quanto simulazione per giovani di azioni di combattimento. Altre notizie letterarie relative a fasi storiche molto più tarde ci indicano che il *Lusus* era lo spettacolo principale dei *Ludi iuveniles* romani, come è attestato da Plutarco (Cat. Min., 3, 1-2) per l'età sillana ed, in seguito, da altri autori per gli anni 46, 40 e 33 a. C. (Cassio Dione, XLIII, 23, 6; Svetonio, *Caes.*, 39, 2) sino all'età augustea (Cassio Dione LI, 22, 4; LV, 10, 6) quando se ne cessò la replica (Svetonio, *Aug.*, 43, 2) per riprendere sotto Caligola e Claudio.

In an illumining article Dr. Graham Webster has traced the Hippika Gimnasia back to the early years of Rome's development, and he shows the link with the Lusus Troiae ceremony which took place each year at the spring festival on 1 March. The mythical counterpart to the religious ceremony was shown in Virgil's description of the Troy games in the Aeneid. From this we learn the breed of the horse used –mainly Sicilian, with one troop leader on a Thessalian, both very highly rated breeds- and the manoeuvres executed. The three troops encircled spectators, formed lines and wove a pattern at the gallop, charged and skirmished, wheeled and counter attacked. In the Tactica (di Arriano) we see the circling in the Cantabrian Gallop, the counter attack (...) Suetonius mention the Troy games several times and in his section on Caesar specifically notes them, as does Dio, who tells us they were an equestrian exercise for young boys of the nobility. Dio also comments that men of the same rank competed with chargers, pairs and four horse teams. This shows the difference between children's mounts and the adults' chargers. (...) Dr. Webster points out that these equestrian displays, ridden by the juveniles, only took place on an annual basis. By Arrian's day the military exercises of his Tactica would appear to be of a more general nature[11].

Le fonti in effetti chiariscono che prendevano parte alle evoluzioni tre gruppi di ragazzi, ovvero i già citati *pueri minores*, *pueri maiores* e *iuvenes*, che formavano le cosiddette *tres equitum turmae*. Dal momento che i ragazzi impegnati avevano tra gli undici ed i diciassette anni, si evince che le tre turmae erano costituite da giovani di età diversa, giunti a diversi livelli di preparazione militare. Come si è visto, i fanciulli, appartenenti alla nobiltà, coronati ed armati, correvano in file descrivendo andamenti circolari e sinuosi. L'andamento dello schema ci è conservato da un'iscrizione pompeiana che esalta, in due distici, la piacevolezza del lusus serpentis e l'abilità di un giovanetto, Septumius: l'iscrizione è infatti realizzata con un andamento serpentiforme, che descrive quattro curve alternativamente a destra ed a sinistra. Si è già detto come vari studi abbiano posto in luce il legame profondo –ed al contempo l'evoluzioneche unisce il *Lusus* alle evoluzioni contenute nell'*Ars Tactica* di Arriano, stilata nel 136 d.C., in particolare per l'andamento del percorso; peraltro nella Giostra della Quintana, attestata a Foligno già nel XVII secolo e tutt'oggi disputata, l'evoluzione equestre prevede ancora la percorrenza di un ovale e di un "8" iscritto nell'ovale, con un andamento serpentiforme.

L'antichità del *Lusus Troiae*, riferita come mito dal passo virgiliano, è confermata storicamente come si è detto proprio dall'oinochoe etrusco-corinzia della Tragliatella. Posto che l'oinochoe risale all'ultimo quarto del VII sec. a. C. si desume che il *Lusus Troiae* era già noto ai giovani cere- tani di quell'epoca, i quali dovevano condividere una buona parte delle sue caratteristiche disciplinari che saranno poi romane,

---

[11] A. Hyland, *Training the Roman Cavalry. From Arrian's Ars Tactica*, London 1993, pp. 92-94

come l'adesione esclusiva di giovani nobili in età di preparazione premilitare, del cui corpus di discipline il lusus faceva senz'altro parte. L'aristocraticità del gioco doveva essere talmente caratterizzante da dare ad esso un valore rituale che non andò perduto nean- che col trascorrere dei secoli, giacché vi presero parte personalmente in gioventù Catone, Britannico e Nerone; la stes- sa premiazione dei partecipanti prevedeva a Roma, in epoca tarda, la consegna di una nobile lancia d'argento (*hasta pura*) sul Campidoglio. La rappresentazione sull'oinochoe etrusca accoglie, come si è detto, anche scene mitologiche relative a Teseo ed Arianna, oltre che a esplicite scene sessuali; di conseguenza il contesto complessivo pone in luce il valore iniziatico del *lusus* stesso, rintracciandovi chiari riferimenti al mito di Teseo intersecato con i miti omerici. In particolare uno studio ha rilevato, nella intera narrazione organica dei fregi sul vaso, una serie di segni dai quali appare evidente il valore iniziatico in rapporto al cambiamento ed allo sviluppo della sessualità degli iniziandi; così dal sacrificio di Teseo al suo scambio di doni con Arianna, tutto indica la necessità per l'eroe – e, per estensione, per i giovani- di superare prove per conseguire una maturità sessuale la cui collocazione è appunto in fondo ad un percorso iniziatico che, tra simbolo e realtà, è il labirinto identificato con Troia. Questo intreccio tra conseguimento dell'attitudine alla guerra e della capacità di generare ha abbondanti confronti nel campo etnografico, ricorda ancora Martinelli. Anche nell'Atene di età classica, come dimostrano numerose scene dipinte su vasellame attico a figure rosse, alcuni giovani partecipavano ad esercitazioni della cavalleria, che pure aveva un ruolo militarmente marginale. Riguardo l'attestazione di sport equestri e corse ippiche, l'epoca villanoviana offre purtroppo documenti poco articolati figurativamente; il momento di vera espansione in questo campo iconografico si ha col periodo orientalizzante, quando le immagini di cavalli e cavalieri divengono parte integrante dell'imagérie presente su monumenti funebri, palazzi, oggetti di pregio destinati ai nobili. La base in arenaria da Poggio Gaiella di Chiusi con quattro cavalieri in corsa, ormai del 600 a. C. circa, ritrae degli individui, a giudicare all'unico interamente conservato, di giovane età, ovvero imberbi dalla tipica capigliatura del *kouros*, che indossano una corta tunica a maniche corte (oltre forse a un perizoma). Una simile gara è ritratta sulle lastre da Murlo, su cui torneremo più avanti, con corse di cavalli relative al palazzo principesco degli inizi del VI sec. a. C., peraltro precedute cronologicamente dall'acroterio a ritaglio, ancora da Murlo, risalente al 625-600 a. C. e riproducente un corridore a cavallo presumibilmente nudo se non per una cintura alla vita.

Gara tra cavalieri che cavalcano a pelo armati di nerbo; anfora panatenaica attribuita al pittore di Eucharides (ca. 490 a.C.). Metropolitan Museum, New York.

Il gioco può avere legami con Marte, che fu associato ai cavalli attraverso le sue festività di *Equirria* e il rituale dell'*October equus*, come patrono della gioventù guerriera. I giovani sacerdoti armati di Marte, i Salii, eseguivano passi di danza espressi dalle forme del verbo *truare*, qui forse con il significato di *eseguire una danza di Troia*. Non a caso ancor oggi il palio si corre il giorno successivo alle idi di agosto, giornata legata a Marte, mitico antenato dei fondatori di Siena- discendenti di Enea, quindi di origini troiane- Senio e Aschio.

Il gioco di Troia si svolgeva sotto la supervisione dei Tribuni dei *Celeres*, che erano collegati ai Salii nei *Fasti Praenestini*.

Augusto stabilì che il *lusus Troiae* divenisse una manifestazione regolare. La sua esecuzione faceva parte di un interesse generale per le origini troiane riflesse anche nella creazione delle *Tabulae Iliacae* o "tavolette troiane", bassorilievi che illustrano scene dell'Iliade, riportando spesso testi in forma di acrostici o palindromi, indicando un movimento schematico o labirinti letterari.

Il giovane Tiberio guidò una *turma* durante i giochi che celebravano la dedicazione del Tempio del Divo Giulio, il 18 agosto del 29 a.C. Il *lusus* fu tenuto anche in occasione della dedicazione del Teatro di Marcello nel 13 a.C. e del Tempio di Marte Ultore, il primo di agosto del 2 a.C.

Il gioco di troia, introdotto dalla cavalleria romana nelle province, rimase popolare per tutto il Medioevo, particolarmente in Inghilterra, anche dopo le conquiste sassone e normanna, sino al XVI secolo ed alla riforma:

The Troy Game became an important aspect of life up to the sixteenth century (not only in London, but around Europe). The 'Game' itself was played informally in Smithfield outside

London at least once a year by young men; labyrinths were built inside cathedrals and churches, and in gardens and parks at Greenwich, Blackheath, Southwark and what is now Peckham Rye (these labyrinths were often called Troy Towns); while secret military and religious societies were formed about the 'mystery' contained at the heart of the labyrinth. Most medieval chronicles and histories mention various manifestations of the Troy Game. When the Protestant Reformation became a force during the sixteenth and seventeenth centuries the Game metaphorically and literally went underground[12].

Colonna onoraria di Antonino Pio. Decursio *degli* Equites Singulares Augusti *durante i giochi funebri per l'imperatore, II sec. d.C.*
Musei Vaticani, Roma.

---

[12]S, Douglass, *The History of Troy Game* consultabile su
http://www.saradouglassworlds.com/the-history-of-the-troy-game/

Decursio, *verso di un sesterzio di Nerone coniato dalla zecca di Lugdunum nel 66.*

La Lupa con Senio ed Aschio, *Jacopo della Quercia.*
Museo dell'Opera metropolitana del Duomo, Siena.

2
La città del Bianco e Nero.
Senio e Aschio, i mitici fondatori.

Manca una data certa per le origini del Palio, come del resto non si hanno notizie precise per la fondazione della città, che nel mito inizia proprio con un "palio" *alla lunga*, corsa dai figli di Remo, Senio e Aschio, che raggiunsero la città dopo la fuga da Roma. Narra la leggenda senese che, dopo l'uccisione di Remo da parte di Romolo, i due figli del gemello ucciso, nonché nipoti del monarca, gemelli a loro volta, che si chiamavano Aschio e Senio, entrassero nel mirino dello zio geloso, e timoroso che un giorno essi potessero insidiare il suo potere. Sapute le intenzioni dello zio, Aschio e Senio fuggirono nottetempo da Roma, non senza aver prima rubato, nel tempio di Apollo, il simulacro della nuova città, la scultura della lupa, in omaggio alla giovinezza di Romolo e Remo, appunto allattati dalla lupa.
Colti da una furiosa tempesta, i due giovani pregarono Apollo che li salvasse: la tempesta cessò, e subito comparvero due splendidi cavalli, uno bianco e uno nero. Senio salì sul bianco, Aschio sul nero ed entrambi cavalcarono a spron battuto. Arrivarono in un luogo dove sorgevano tre colli, non lontani da un torrente chiamato Tressa, e qui incontrarono un nutrito gruppo di pastori che, udita la loro storia, decisero di accoglierli e se necessario di proteggerli. In cambio i due gemelli insegnarono ai pastori l'uso delle armi, e Senio cominciò ad erigere su uno dei colli un tempio ad Apollo, e poi un tempio a sua sorella Diana. Quel colle fu detto Castelsenio, ed in seguito Castelvecchio.
La cosa venne all'orecchio di Romolo, che da Roma mandò due suoi generali- una variante della leggenda parla di due re- Camellio e Montonio, con truppe sufficienti e con l'incarico di riportargli i due nipoti, vivi o morti[13].
Arrivati nel luogo dove erano Aschio e Senio, Camellio e Montonio si accamparono nei due colli dove ancora non c'erano costruzioni, e che si chiamarono quindi Castel Camellio, che sarebbe divenuto poi Camollia, e Castel Montonio, poi Valdimontone. Dopo varie scaramucce, avvenne lo scontro decisivo, in cui Camellio e Montonio furono sconfitti, e molti loro soldati furono uccisi o presi prigionieri, ma Aschio rimase gravemente ferito, e da quel momento di lui si perdono le tracce.
Senio, che di fatto era ormai il capo della nuova comunità, decretò che le genti che abitavano i tre colli, compresi i soldati romani prigionieri, formassero un solo popolo ed avessero una sola legge, e per ringraziare gli dèi fece fare dei sacrifici nei templi di Apollo e di Diana, da poco costruiti. Dal tempio di Apollo si alzò una nube di fumo nerissima, e da quello di Diana una nube bianca, candida. In omaggio

---
[13]AAVV. *Guida all'Italia leggendaria, misteriosa, insolita, fantastica*, III, *Toscana, Lazio, Umbria*, Milano 1971, p. 123.

al colore di queste due nubi di fumo, e ricordando anche il colore dei due cavalli che comparvero misteriosamente durante la sua fuga da Roma, Senio decise che il bianco e il nero sarebbero stati i colori della nuova città, e da qui nacque lo stemma della Balzana, che la città stessa avrebbe preso il nome di *Saena*, poi Siena, e che il simbolo della comunità sarebbe stata la lupa di origine romana.

Cosa spesso trascurata, il mito di Senio e Aschio può adombrare un reale insediamento di famiglie aristocratiche etrusche originarie di Roma in territorio chiusino nel VI secolo, dopo la caduta della monarchia dei Tarquinii; la presenza etrusca a Siena è confermata da numerosi ritrovamenti archeologici. Per il periodo villanoviano ed arcaico vanno ricordati i ritrovamenti di Piazza del Mercato (dove sono state rinvenute alcune fibule di bronzo databili all'VIII-VII secolo a.C.), di Palazzo Salimbeni (buccheri, ceramica a vernice nera e ceramica etrusca riferibili ad un periodo tra il VI e il I secolo a.C.) e i recenti scavi effettuati nell'area di Santa Maria della Scala, sul versante meridionale della collina del Duomo in cui sono stati individuati resti di una grande capanna con fondazione in muratura, di buccheri e altra ceramica databili al VII secolo a.C. forse riferibili ad un palazzo nobiliare arcaico simile a quello di Poggio Civitate a Murlo, proprio nel luogo in cui la leggenda colloca l'insediamento dei due fratelli. La duplicità dei gemelli, il loro legame con i cavalli, la morte di Aschio non possono che richiamare alla mente i Dioscuri, Castore e Polluce, venerati nel pantheon etrusco come *Tinas Cliinars*[14], in etrusco recente *Tinas Clenar*, in età romana protettori della cavalleria.

Figli di Zeus e di una donna mortale oppure, uno di essi, Castore, figlio di un padre anch'egli mortale, i Gemelli avrebbero ottenuto da Zeus il privilegio di tornare in vita, a giorni alterni, nella tomba in cui erano sepolti a Therapne, come apprendiamo dall'Odissea, oppure di vivere a giorni alterni nella tomba e nel cielo, come voleva la versione del mito immortalata da Pindaro. Questa particolarissima situazione, che en faceva degli esseri per definizioni intermedi - dapprima tra i vivi e i morti, quindi tra gli uomini e gli dei - sarebbe stata pattuita tra Zeus e Polluce in cambio della generosità rinuncia di questi a una metà della vita immortale a lui promessa in cambio della concessione dell'altra metà al fratello Castore, altrimenti condannato a una sorte irremediabilmente mortale. La capacità di riverberare su altri l'agognato dono è espressa miticamente dall'immortalità da essi procurata alla sorella Elena, di cui già si favoleggiava nella Grecia del tempo. (...) Ma chi era meglio predisposto dei Dioscuri - dei salvatori per eccellenza - a vegliare sul lungo e pauroso viaggio marino che si credeva attendere il defunto e al quale alludono le onde, gli ippocampi e i delfini saltanti di molte tombe dipinte tarquiniesi, anche arcaiche? Venel Atelinas, dedican-

---

[14] Come nell'iscrizione sotto il piede di una *kylix* attica firmata dal ceramografo Oltos e dal vasaio Euxitheos, databile intorno al 510 a.C., scoperta nel 1874 in una tomba a camera della necropoli di Monterozzi a Tarquinia (Museo Nazionale di Tarquinia).
Itun turuce venel atelinas tinas cliniiaras.
Venel Atelinas ha offerto questo ai figli di Tina.

do la sua coppa fuori misura - doppia, si direbbe - ai Gemelli, faceva probabilmente appello alla loro antica connotazione conviviale, da protettori della casa (...). Ma compiendo la sua offerta nella tomba, o comunque per la tomba, egli avrà invocato i Gemelli anche e forse soprattutto nella loro veste di soccorritori, in quell'oscuro viaggio che è la morte, e di eroi esemplarmente partecipi sia della condizione umana che di quella divina, quindi più degli altri vicini alle ansie dell'uomo[15].

Ci sembra dunque che le radici della leggenda dei mitici fondatori della città Senio e Aschio abbia, oltre le rimaneggiature erudite medievali e rinascimentali, desiderose di collegare Siena e la sua fondazione a Roma ed al mito troiano, possano almeno per ipotesi trovare origine in un culto eroico e nobiliare etrusco, forse del VI secolo o, più probabilmente, dei Dioscuri del periodo ellenistico- come indicherebbe la presenza miracolosa di Apollo, il cui corrispettivo etrusco, Aplu, diviene popolare in quest'epoca, o romano, comunque antico, legato comunque ai cavalli ed alla guerra.

E' interessante sottolineare come negli affreschi della Tomba del Barone di Tarquinia, risalente alla fine del VI secolo, siano raffigurati cavalieri, sia montati che appiedati con cavalli neri e rossi (ossia bai) nell'ambito di giochi di carattere sacro.

La tomba ricevette questo nome perchè venne scoperta dai due baroni tedeschi Stackeiberg e Kestner nel XIX secolo.

E' significativo come venga chiamata anche tomba del *Palio* o dei *Cavalli* perchè all'interno sono raffigurati tutti personaggi che si accingono a salire a cavallo per partecipare ad una gara equestre.

---

[15]Giovanni Colonna, *Il dokanon, il culto dei Dioscuri e gli aspetti ellenizzanti della religione dei morti nell'Etruria tardo-arcaica*, Roma 1996

Tomba del Barone, o Tomba del Palio, fine VI sec.a.C., Tarquinia.

Particolare di cavaliere con nerbo, Tomba del Barone o del Palio, Tarquinia.

Relativamente al periodo ellenistico vanno ricordate le necropoli di Campansi (con un gruppo di tombe ipogee a camera quadrata, con corredi di ceramica a vernice nera di tipo volterrano, ceramica ad impasto grezzo e ceramica acroma, attribuibili ad un'epoca compresa tra il IV e il II secolo a.C.), di Porta Camollia con un gruppo di tombe a camera, con corredi funerari composti di ceramica grezza, una moneta e un *askos* databili al III-II secolo a.C., di Porta San Marco in località Giuggiolo con corredi di età arcaica; tombe ipogee con urne cinerarie iscritte di tipo chiusino e ceramica a vernice nera, orecchini d'oro e ceramiche figurate del IV – III secolo a.C., della Coroncina (ceramica a vernice nera e a figure rosse del IV – III secolo a.C.) e la tomba di Colle Verdina in località Pescaia (simile alle tombe vetuloniensi e volterrane a pianta circolare con banchina lungo la parete, con corredi formati da vasi d'impasto e terracotta grezza e un'olla dipinta, attribuibile al II secolo a.C.).

Siena fu città etrusca, di entità forse modesta ma ben collegata ai centri maggiori dell'Etruria settentrionale: Fiesole e Chiusi, Cortona e Volterra. E si possono rilevare notevoli analogie dei Palii delle origini con i giochi equestri degli etruschi e poi dei romani. Da Poggio Civitate di Murlo, dunque non lontano da Siena, provengono le lastre fittili, datate al VI secolo a.C., che mostra una serie di cavalieri allineati, che montano a pelo come i fantini odierni, e come loro sono muniti di nerbi e di berrette, simbolo delle tradizioni equestri delle *elites* palaziali etrusche, documentate dalle rappresentazioni di corse di cavalli nelle decorazioni fittili dei palazzi di Murlo appunto e Acquarossa[16]. Il fatto che le lastre ornassero il palazzo del dinasta locale suggeriscono la centralità dei giochi equestri nella vita della sua corte. Le lastre di Murlo sono tra i più antichi esemplari scoperti fino ad oggi in Etruria. Ognuna di esse è alta 25 cm e larga 55 cm, coronata al pari delle sime da una modanatura a cavetto strigilato. Le scene riconoscibili sono quattro:

- La prima presenta una processione condotta da figure maschili con abiti lunghi fino alle caviglie, che camminano tenendo nella mano sinistra la cavezza dei cavalli aggiogati a un carro con alte ruote, su cui sono assisi due personaggi ammantati. Questi ultimi sono seduti su un trono dal basso schienale, e uno di essi tiene in mano un ombrello destinato a proteggerlo dal sole (cosa che lascia pensare a una figura femminile). Il corteo è concluso da due ancelle che tengono in mano dei flabelli, delle situle, e una cassetta delle gioie o degli oggetti per il culto. Le ipotesi sino a qui avanzate per interpretare la scena è che si tratti di un corteo nuziale divino, di una processione funebre, o dell'arrivo di due personaggi di alto rango nell'edificio di Murlo.

- La seconda scena presenta un'assemblea con otto figure rivolte a destra, divise in due gruppi: nel primo si riconosce un personaggio maschile con la barba che indossa una lunga tunica e siede sullo sgabello pieghevole (*sella curulis*) tenendo in mano un lituo. Dietro di lui è possibile riconoscere una figura in piedi, forse femminile, che regge una lancia e una spada e, poco oltre, una donna rappresentata seduta su un alto trono bronzeo nell'atto di scostare con la mano il velo mentre con l'altra

---

[16] Cavalieri che cavalcano a pelo compaiono anche nella tomba del Barone di tarquinia, in un ambito di giochi a carattere funerario

mano regge un ramo terminante con un frutto o un fiore. Un ulteriore figura femminile è rappresentata da un'ancella o sacerdotessa che agita un flabello reggendo una situla (secchio). La scena è completata da tre personaggi di lignaggio accostati paratatticamente in trono, ognuno dotato di un proprio attributo: il primo è barbato e impugna un'ascia bipenne con la mano destra, le due seguenti sono figure femminili che sostengono rami fruttiferi, forse melograne. La scena è chiusa da una figura stante, senza barba, che si appoggia a un lungo bastone biforcuto. L'immagine sembra rimandare a un'assemblea di divinità del tipo noto in ambiente greco; un'ulteriore proposta è quella di riconoscervi, in ordine di apparizione, Zeus con le armi del padre, seguito da Iris o Hebe; le ultime figure della sfilata sarebbero in tal caso Demetra, Dioniso e Persefone seguiti da un servitore. Secondo un'altra proposta si tratterebbe semplicemente di un'assemblea di aristocratici. - Segue una lastra rappresentante un banchetto di tipo greco con alcuni astanti sdraiati sulle tipici *klinai*. I dettagli sono molto curati ed è possibile riconoscere sui tavolini e nelle mani dei servitori gli oggetti di corredo che troviamo spesso deposti nelle tombe aristocratiche. Nello specifico, ogni *klinai* ospita due coppie reclinate, separate da un grande lebete posto su un tripode. La prima *kline* presenta una coppia impegnata in una conversazione, mentre la seconda presenta un uomo volto verso il suonatore di flauto e una seconda figura che suona la cetra. Alcuni dettagli erano resi, anticamente, con la pittura e dunque sono oggi perduti: è il caso delle corde degli strumenti musicali.

- L'ultima scena rappresenta una corsa di cavalli montati da fantini che stringono la cavezza nella mano destra e un frustino nella sinistra; essi sono vestiti con un corto chitone e un corto mantello svolazzante, e portano in testa un berretto appuntito. Sull'estrema sinistra della lastre è possibile riconoscere un lebete, probabile premio destinato al vincitore. L'insieme del complesso del palazzo di Murlo ci mostra dunque i valori e la sensibilità artistica di un palazzo aristocratico etrusco a cavallo tra età orientalizzante ed età arcaica. Essi dimostrano che i modelli dell'aristocrazia greca ereano già profondamente penetrati nell'Etruria interna, sebbene lontana dagli scali mercantili e quindi tendenzialmente più conservatrice. Il grande palazzo di Murlo può essere interpretato come una residenza aristocratica al cui interno si svolgono (anche grazie alla presenza di un grande cortile concluso da un tempietto) le grandi cerimonie stagionali probabilmente legate ai cicli agricoli. La divinizzazione degli antenati rappresentati sul colmo del tetto nella forma di grandi statue monumentali deve aver rappresentato un elemento propagandistico di coesione sociale, atto a garantire la stabilità del potere famigliare sul territorio, proprio sulla base di una presunta genealogia sacra degli antenati.

Lastra fittile con cavalieri, Poggio Civitate di Murlo, VI sec. a.C.

Cavalieri, Tomba del Barone, Tarquinia.

Il mito di fondazione che vuole invece Siena nata dalla costola di Roma, fondata dai transfughi figli di Remo, li fa giungere al luogo fatidico di gran carriera, inseguiti dai cavalieri di Romolo. Senio e Aschio (o Ascanio) fondano Siena alla fine di un mitico *"Palio alla lunga"*. L'insegna della nuova città sarà bianca e nera come i loro cavalli e come le nuvole di fumo che si innalzano dalle due are sulle quali offrono i loro sacrifici agli Dei. Si noti come di nuovo l'origine troiana sia legata al nostro argomento: Senio e Aschio sono discendenti di Enea, quindi di stirpe troiana.

Ben documentata è la presenza romana. *Saena Iulia* è stata un accampamento militare romano al tempo di Augusto, attorno al quale si è sviluppata una comunità civile. Nel 70 è documentato un episodio a dir poco singolare: il senatore Manlio Patruito si lamentava di essere stato picchiato mentre era in visita ufficiale a *Saena Iulia*, e poi ridicolizzato con la messa in scena di un finto funerale. I senesi evidentemente già mostravano il loro caratterino. E così il senato romano decise di ammonire severamente la nuova città.

E un aspetto di dualismo è proprio il Palio, che si corre due volte l'anno.

Certo è che il Palio è antico come Siena, e la sua storia si intreccia per sempre con quella della città. Nell'età d'oro della Repubblica senese - 150 anni tra l'inizio del Duecento e la metà del Trecento - il Palio era il momento solenne e conclusivo per celebrare l'Assunta nelle feste di mezz'agosto.

Si trattava, beninteso, di un palio in forma diversa da quello attuale; agli inizi del 1300 già si correvano palii alla lunga - anche con i cavalli privi di fantino - e al vincitore - che raggiungeva l'antica Cattedrale dopo esser partito da una delle porte della città - veniva dato in premio un *Pallium*, un mantello di stoffa preziosa, che avrebbe poi dato il nome alla Festa.

la Comparsa della Nobile Contrada dell'Aquila (cartolina di B. Venturini, 1934).

3

Nella Piazza del Campo ci nasce la verbena.
Il Campo, Fonte Gaia, Diana.

il palio ci sembra indubbio essere la continuazione diretta del *lusus Troiae* etrusco. Tutta la corsa ha infatti un carattere guerresco: il priore della contrada viene sostituito per l'occasione del capitano, il duce sfila in armatura con la spada sguainata, per non menzionare il gioco dei vessilli che in epoca medievale e rinascimentale aveva un'importanza fondamentale per le segnalazioni sul campo di battaglia: non è un caso che quelli del Palio si chiamino alfieri e non *sbandieratori* come nelle sagre popolari. Del resto nel vaso di Tragliatella i cavalieri sono preceduti da una parata (*pompé*), il contesto sacro (dalla benedizione in *articulo mortis* al fantino e al cavallo come prima della battaglia- *Va' e torna vincitore!* - con l'unicum dell'animale accolto in chiesa!).
Per citare Guido Piovene,

Il Palio... è una vera guerra simbolica, in cui alla vittoria concorrono la forza, la diplomazia, la ricchezza.

Nel XIX secolo le Comparse indossavano uniformi militari legate alla moda militare austriaca (il Granduca di Toscana era un arciduca della Casa d'Asburgo Lorena), solo in seguito sostituite dai costumi rinascimentali oggi in uso[17].
Monture che ai senesi non piacevano.

Il Palio – ricorda Mario Pratesi – *veniva opportunissimo a dare sfogo a questi umori contrari [alla dinastia dei Lorena]. Dalla restaurazione del '49 in poi, il Palio, anche presenti le baionette tedesche che guarnivano la piazza repubblicana, serviva come mezzo d'aprire il cuore italiano: era il respiro dell'antica libertà sotto la servitù. Non appena appariva in piazza il leggiadro paggio tricolore dell'Oca (contrada che comprende tutto l'antico quartiere di Fontebranda), era come un apparire di sole, un battimano infinito a quelle bandiere: e fischi d'odio alla bandiera gialla e nera della contrada della Tartuca: fischi che andavano già s'intende a Sua Altezza, alle monture bianche e ai mirti delle aquile imperiali.*

---

[17] Note d.a.

La Comparsa della Contrada della Giraffa nel 1852.

Cerimonia di benedizione del cavallo e del fantino della Lupa il 2 luglio 2013 nella Chiesa di San Rocco.

La stessa corsa imita il percorso del sole, o forse degli astri, simboleggiati dalle Contrade, circolarmente, esattamente come nella *decursio* romana. Piazza del Campo ha il caratteristico impianto a conchiglia che imita il percorso del sole: l'ascesa, con l'alba in corrispondenza della curva del Casato, il mezzogiorno- in corrispondenza di Fonte Gaia- il tramonto, in discesa, e infine il percorso lineare della notte, nella parte più bassa del Campo[18]. La simbologia del Campo è dunque la stessa del circo romano, dove si tenevano le *decursiones* e del labirinto del *lusus Troiae*- ricordiamo

---

[18]La conformazione della piazza, monumentalizzata sotto il Governo dei Nove, prima che vi si corresse la carriera fa sì che l'orientamento della gara non corrisponda effettivamente ai punti cardinali.

che in origine il Palio veniva corso alla lunga, con percorsi tortuosi all'interno ed all'esterno della città: *Circus imago poli*[19]; sappiamo da Tertulliano che *circus Soli principaliter consecratur*[20] e che era carico di simbologia solare; del resto raffigurazioni di corse di cavalli o di bighe sono frequentissime in ambito funerario sia etrusco che romano, non tanto come semplici raffigurazioni dei giochi funebri ma come simboli di rinascita, con il parallelo cavallo (o biga)- sole, o, meno probabilmente, stella.
E' ben noto come il *Nicchio* riproduca il mantello della Vergine Maria, protettrice di Siena, che è la rappresentazione della volta celeste cosparsa di stelle. Non a caso il nome latino del manto è *pallium*. Quindi il Campo è la volta celeste attorno alla quale ruota il sole, ed è un gigantesco orologio solare, con funzioni più simboliche che pratiche, di cui la Torre del Mangia costituisce l'enorme gnomone.

Madonna della Misericordia di S.M.Arzilla - Pesaro XV sec;

---

[19] Anth. Lat., 197.
[20] *De spectaculis*, 8.9

Sano di Pietro, Madonna con Bambino, 1450, Pinacoteca nazionale, Siena.

Ed è da ricordare- più avanti vedremo perchè- come questi attributi celesti della Vergine fossero, nel mondo classico ed etrusco, attributi di Artemide/ Diana/ Artumnes, la sorella di Apollo nel suo aspetto lunare e di dea della notte, l'etrusca Artume (come nel caso di Apollo/Aplu il nome *Artume*, derivante dal greco **Ἄρτεμις**, ne indica la provenienza magnogreca).

Ricordiamo come le are su cui secondo la leggenda senese sacrificano Senio e Aschio e da cui salgono le due fumate bianche e nere siano dedicate ad Apollo- fumo nero- e Diana- fumo bianco.

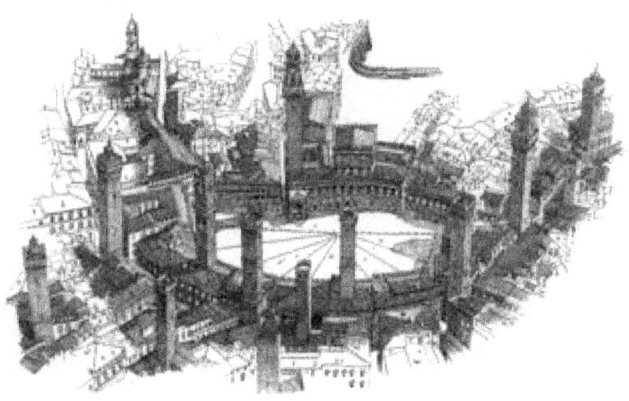

Piazza del Campo durante il Palio e in un disegno ricostruttivo dell'aspetto nel XVI secolo (F. Corni).

Famosa in tutto il mondo per la sua bellezza architettonica e la sua particolare forma a "conchiglia" (il *Nicchio*) adagiata in lieve dislivello sul punto di congiunzione delle tre colline su cui sorge la città, Piazza del Campo attira ogni anno milioni di turisti da tutto il mondo.

Il Campo fu costruito sull'intersezione delle tre strade principali che conducevano a Siena e destinata ad essere un terreno neutrale dove poter celebrare feste e ricorrenze politiche e civili. L'omogenea forma architettonica della piazza e degli edifici che vi si affacciano non è, ovviamente, casuale: il comune creò delle apposite linee guida nel 1297, prima ancora che venissero eretti tutti i palazzi della piazza, compresi quelli civici. Se qualche struttura non si fosse ben omologata alle linee guida, veniva demolita, come successe all'antica chiesa di San Pietro e Paolo.

Le prime notizie risalgono al 1169, e riguardano tutta la vallata, comprendendo quindi anche la vicina Piazza del Mercato, piazza dalla quale venne divisa nel 1193.

Durante il Governo dei Nove fino al 1270 la piazza veniva utilizzata per fiere e mercati. E' durante il Governo dei Nove che, dopo la costruzione del Palazzo Comunale, inizia la pavimentazione della piazza. Si può vedere ancora oggi la sua suddivisione in nove spicchi, a memoria del Governo dei Nove.

Il profilo e la struttura di Piazza del Campo sono stati delineati nel tempo, mediante leggi emanate dal governo di Siena per definire spazi, facciate e fronti architettonici, che hanno poi disegnato il profilo e il perimetro della piazza odierna.

La presenza di Fonte Gaia ci permette di approfondire un altro aspetto della simbologia legata alla Balzana e derivante da culti etrusco-romani.

Fonte Gaia è la fontana collocata nel punto più alto della piazza, corrispondente al mezzogiorno ed al Solstizio d'estate: fu chiamata così per ricordare la gioia dei senesi nel momento in cui l'acqua sgorgò per la prima volta in Piazza del Campo. La fontana ricopre un importante valore artistico per l'intera città: realizzata in marmo da Jacopo della Quercia con una serie di statue e bassorilievi tra il 1409 e il 1419, viene considerata una delle maggiori espressioni artistiche e sculturali del Quattrocento italiano. Oggi nella piazza si trova una copia della fontana, realizzata da Tito Sarrocchi nel 1869. I marmi originali sono custoditi all'interno del Museo dell'Ospedale di Santa Maria della Scala. Fonte Gaia, nel centro di Siena, fu costruita in otto anni, al fine di trasportare l'acqua dalla lontana zona della Staggia fino a piazza del Campo. Giacomo di Vanni di Ugolino creò dei grandi canali sotterranei, i *bottini*, i quali si allargavano in cunicoli e gallerie dando luogo ad una Siena sotto terra. Fu così che l'acqua giunse fino a piazza del Campo, attraverso un maestoso *bottino*, nel 1342, con una grande festa da parte del popolo.

Questa Fonte fu ricostruita completamente sul lato opposto del Palazzo Pubblico da Jacopo della Quercia, tra il 1409 ed il 1419. Fu realizzata interamente in marmo e al centro si trova l'immagine della Madonna, circondata dalle Virtù e dalle rappresentazioni della Creazione d'Adamo e della Cacciata dal Paradiso Terrestre. Nel 1858 le sculture originali furono trasferite nella Loggia del Palazzo Pubblico e sostituite con copie eseguite da Tito Sarrocchi. La Fonte nacque in un luogo preciso, sul quale precedentemente vi era una statua che esaltava il potere benefico di Diana (per altre fonti Venere, ma le dee non sono che un aspetto della Grande Dea), intesa come immagine di bellezza e fertilità[21].

E' stata avanzata l'ipotesi che la rappresentazione allegorica della Pace nell'Allegoria del Buon Governo del Lorenzetti a Palazzo Pubblico rappresenti tale statua, venuta alla luce nel corso di alcuni lavori al Poggio alle Cappuccine e murata a Fonte Gaia, come ricorda Lorenzo Ghiberti: i senesi

Ne feciono grandissima festa, e dagli intendenti fu tenuta meravigliosa opera, e nella base era scritto il nome del maestro, il quale era Lisippo... questa non vidi, se non disegnata di mano da un grandissimo pittore della città di Siena, il quale ebbe nome Ambrogio Lorenzetti.

---

21 N.d'A.

In realtà dall'affresco in Palazzo Pubblico la statua ricorda più il coperchio di un'urna o di un sarcofago etrusco con la figura della defunta appoggiata al braccio destro, simile, per esempio, al sarcofago di larthia Seianti oggi a Firenze.
La statua venne posta sulla fonte *come cosa molto egregia*, ma non vi restò a lungo. Ghiberti ci informa anche che, essendo stati sconfitti dai fiorentini, i senesi ne attribuirono la responsabilità alla statua che portava sfortuna, essa venne fatta a pezzi e sepolta in territorio fiorentino:

Avendo la terra moltissime avversità di guerra coi fiorentini ed essendo nel consiglio ragunati el fiore di loro cittadini, si levò uno cittadino e parlò sopra a questa statua in questo tenore. "Signori cittadini, avendo considerato che da poi noi teniamo questa statua sempre siamo arrivati male, considerato quanto la idolatria è proibita dalla nostra fede, dobbiamo credere che tutte le avversità che noi abbiamo Iddio ce le manda per li nostri errori. E veggiamlo per effetto: che da poi noi onoriamo detta statua siamo sempre iti di male in peggio. Certo mi rendo che per insino noi la terremo sul nostro terreno sempre arriveremo male. Sono di quelli consiglierei essa si ponesse già e tutta si lacerasse e spezzasse e mandassesi a seppellire in sul terreno di fiorentini" Tutti d'accordo raffermarono al detto del loro cittadino, e così missero in esecuzione.

Ambrogio Lorenzetti, la Pace (part. dell'Allegoria del Buon Governo), Palazzo Pubblico, Siena.

Sarcofago di Larthia Seianti (150-130 a.C.; terracotta policroma, Firenze, Museo Archeologico Nazionale)

I due angeli vicino alla Madonna rappresentano il contatto con la spiritualità, l'unione saggia tra il potere e temporale e quello legato alle vibrazioni superiori. Le Virtù Teologali e Cardinali scandiscono le regole affinchè l'unione degli opposti, in altre parole dell'alto col basso, si realizzi. Affinchè ciò avvenga, occorre una precisa disciplina e un insieme di leggi rappresentate dall'immagine della Giustizia. L'acqua, scorrendo, crea un ideale filo conduttore in tutta la zona, dove nascono torrenti, che alimentano fonti e mulini, il cui prodotto viene raccolto in pozzi e cisterne. Queste storie proseguono nel territorio senese e giungono a San Gimignano e le sue Fonti pubbliche medievali, le Fonti delle Fate di Poggibonsi, la Fonte monumentale di Asciano e quella accanto al monastero di Sant'Anna in Caprena. Vi sono poi fonti sulfuree a Montisi (Fonti di Bagnoli) utilizzate un tempo per la macerazione della canapa. Su queste fonti esistono delle particolari tradizioni. Alcuni, nel passato le valutavano fonti del demonio, in quanto l'alto tasso di zolfo in esse presenti, risultava un'emanazione dell'inferno. Occorre anche considerare che lo zolfo è legato ai procedimenti alchemici, attraverso i quali queste acque avevano un alto potere di macerazione, tale da poter lavorare sull'eliminazione delle scorie presenti sulla materia prima lavorata. i luoghi connessi con il culto dell'acqua, legato alla presenza sia di fonti e sorgenti naturali e artificiali, sia di veri e propri pozzi sacri. L'idea dell'acqua come oggetto di pratiche religiose, simbolo del divino e ambivalente portatrice di vita e morte, non è certo nuova, e può essere considerata un elemento trasversale praticamente di tutte le forme religiose del mondo antico e moderno. Ad esempio, la simbologia cristiana pone l'acqua al centro di uno dei suoi riti più importanti, il battesimo, associandola alla rinascita e alla purificazione, e quindi connotandola in termini essenzialmente positivi.

In realtà, l'immagine dell'acqua come generatrice di vita non è presente solo nel Cristianesimo ma praticamente in tutti i miti e le cosmogonie del mondo antico. Tuttavia l'acqua può diventare anche un elemento oscuro legato al mondo degli inferi, come ad esempio nella mitologia greca, dove il regno dei morti era percorso da ben cinque fiumi. Di questi l'Acheronte era quello attraverso cui le anime dei defunti venivano traghettate da Caronte per discendere definitivamente nell'Ade. In questo suo muoversi ambiguo tra vita e morte, l'acqua è quindi da sempre associata a tutte le manifestazioni del divino, in taluni casi è la sede stessa della divinità, e quindi ricca di mistero e simbolismo.

Proprio questa molteplice valenza dell'acqua ci permette di rintracciare numerosi culti e riti ad essa rivolti, solitamente associati a sorgenti, fiumi ed altri luoghi naturali, e presenti trasversalmente in qualunque espressione religiosa. Tali luoghi diventano quindi occasioni per esprimere la propria devozione alla divinità, e sono pertanto sede di pratiche rituali, pellegrinaggi e credenze. I luoghi selvatici e incolti, le fontane, i fiumi, i laghi, il mare, che da sempre costituiscono ambienti e ambiti misteriosi nell'elaborazione fantastica, rappresentano un elemento di disordine che, in qualche modo, si contrappone all'ordine insito nel mondo urbano della civis. Nell'immaginario popolare, questi spazi durante la notte si popolano di strani esseri che incutono timore e rappresentano un pericolo per tutti coloro che li incontrano. Pertanto, le acque fluviali, le fontane, le sorgenti, i pozzi hanno costituito, per secoli, la base per l'invenzione di leggende e credenze. L'immagine dell'acqua come elemento fecondatore ha rivestito un ruolo fondamentale in tutte le società agricolo-pastorali, dove la terra poteva portare frutto soltanto grazie all'azione vivificante della pioggia, e dove quindi i periodi di siccità venivano guardati con particolare terrore. Al tempo stesso le piogge eccessive, con le conseguenti inondazioni, rischiavano di diventare portatrici di distruzione, se tali acque non venivano controllate attraverso il favore degli dèi. Pertanto la ritualità collegata all'acqua aveva lo scopo di propiziarsi la divinità sovrana di questo elemento, al fine di scampare dagli eventi funesti da essa provocata, e favorire invece le sue manifestazioni benefiche[22].

Percorrendo la storia dei culti dell'acqua nelle varie espressioni religiose dell'uomo avvicendatesi nel corso dei millenni, paiono emergere due interessanti elementi su cui fermare la nostra attenzione. Il primo riguarda il fatto che, pur essendo le pratiche devozionali relative all'acqua diffuse universalmente, tuttavia le declinazioni

---

[22] M.M. Satta,, "Il simbolismo ambivalente dell'acqua, fonte di vita e strumento di morte", in *Sacer*, XIII, n.13 (2006): pp. 9-20

locali di tali pratiche si differenziano significativamente da un luogo all'altro. Esse acquistano infatti significati precisi a seconda del contesto socio-economico e culturale in cui si sviluppano, il quale è a sua volta profondamente influenzato dall'ambiente geofisico circostante. L'universalità del binomio acqua-divino si declina culturalmente all'interno delle diverse pratiche ed interpretazioni sviluppate a livello locale. Il secondo aspetto interessante riguarda invece la continuità nel tempo dei culti legati all'acqua, che li vede permanere lungo i secoli nonostante gli svariati mutamenti politici, culturali e religiosi che territori e popolazioni hanno attraversato. Un esempio classico in questo senso è rappresentato dall'innesto del Cristianesimo su precedenti culti pagani. Per quanto la nuova religione abbia apparentemente soppiantato le religioni precristiane, nella sostanza esse sono state inglobate al suo interno, sostituendo di fatto i nomi delle vecchie divinità con quelli di santi e martiri, ma mantenendo complessivamente le stesse forme di religiosità popolare ad esso precedenti.
Viene alla mente la leggenda del fiume Diana, invano cercato dai senesi:

Tu li vedrai tra quella gente vana
che spera in Talamone, e perderagli
più di speranza ch'a trovar la Diana
ma più vi perderanno li ammiragli [23].

per citare Dante.
Come scrive Vincenzo Buonsignori nella sua Storia *della Repubblica di Siena,*

Si fa allusione ad un pozzo di cui si trova memoria nel T. 136 dei Consigli di Biccherna Classe E anno 1327, ed allorquando per decreto pubblico fu incominciata la fabbrica del Convento dedicato a S. Maria del Carmelo, dovendosi creare un pozzo, fu fatta una profonda escavazione onde rinvenire una vena d' acqua, che secondo le tradizioni antiche avea la sua sorgente in Castelvecchio al lato del Tempio della Dea Diana, ed andava a perdersi per vie sotterranee nel prossimo torrente detto la Tressa (...)[24]

Fin dall'alba della città medievale, si ipotizzò che un fiume sotterraneo attraversasse Siena. Le leggende raccontavano di voci umane provenire dalle viscere della terra, di trabocchetti mortali che custodiscono gelosamente questi segreti, di un'altra civiltà, che viveva sulle rive della Diana: quella dei fuggisole e degli *omiccioli,* leggenda forse ispirata allo scoprimento della rete di cunicoli e canalizzazioni sotterranee scavate sotto Siena in età etrusca.
Queste creature terrorizzavano i lavoratori dei bottini, i cosiddetti *guerchi.*
Le creature di cui i lavoratori dei bottini avevano più paura erano i *fuggisole* e gli

---

[23] Dante, *Purg.* XIII, 151-154
[24] V. Buonsignori, *Storia della Repubblica di Siena*, I, Siena 1856, p.17 n. 1.

omiccioli che li facevano fuggire urlando a gambe levate da sotto terra. Gli *omiccioli* analoghi ai coboldi nordeuropei avevano le sembianze di piccoli uomini e si limitavano a danzare e a compiere scherzi, a volte anche crudeli, ai *guerchi*. I *fuggisole* avrebbero avuto il potere di avvelenare le persone soffiandogli addosso; comparivano all'improvviso come lampi di luce simile ad un sole, per poi spegnersi all'improvviso, attiravano i lavoratori negli abissi da cui non avrebbero fatto più ritorno, e secondo la leggenda sarebbero anche usciti, e uscirebbero, nottetempo dal sottosuolo per rapire qualche sfortunato viandante.

La loro attività prediletta sta proprio nel recare danno ai minatori, il più delle volte abbagliandoli all'improvviso o confondendoli con le ingannevoli luci delle piccole lanterne che si portano costantemente appresso. In tale modo questri mostriciattoli riescono a far perdere gli operai nei meandri sotterranei se non, addirittura, a guidarli verso pozzi e voragini in cui precipitarli.
Le spietate azioni commesse contro i minatori sono forse motivate dal fatto che, a quanto viene sovente riferito, i Fuggisole non disdegnano di arricchire con carne umana la loro dieta a base di ratti [25].

Non pochi sarebbero scomparsi esplorando i cunicoli sotterranei, come sarebbe avvenuto al pittore Andrea Piccinelli detto del Brescianino (1486?- 1525?), che, secondo la leggenda senese, sarebbe stato ingoiato dal buio di scoscesi cunicoli e morì in circostanze misteriose. Nelle sue opere, delicate e aggraziate nel disegno, rifletté l'arte di Andrea del Sarto, del Beccafumi, di fra' Bartolomeo e soprattutto di Raffaello. Le sue *Madonne* più note sono quelle degli Uffizi, della galleria di Siena (un *Battesimo di Cristo* è nell'Opera del Duomo) e di S. Lorenzo a Bibbiano. E' stato ipotizzato che Andrea del Brescianino sia morto di peste a Firenze, ma non si hanno notizie certe della sua fine, e la leggenda senese che lo vuole scomparso nel sottosuolo della città potrebbe anche avere un fondo di verità, in mancanza di altri documenti. Morto di peste a Firenze o perso nei sotterranei di Siena, di lui e della sua fine non si ha alcuna notizia sicura, scomparso nel nulla, e questa è l'unica cosa certa.
Per quanto la ricerca ufficiale del fiume Diana sia ormai cessata da secoli, la sua leggenda è ancora viva nell'immaginario senese. Nel Palio di Siena, per esempio, il tempo del rullo dei tamburi che accompagna i *monturati* durante la *Passeggiata storica* è chiamato "passo della Diana". E nei pressi di Porta San Marco (nella zona sud-ovest), al fiume è stata intitolata una strada, "Via della Diana": secondo la ricostruzione più diffusa, infatti, la Diana entrerebbe nel sottosuolo senese nei pressi di Porta Ovile (nella zona nord-est della città) e uscirebbe da sotto il centro storico proprio nella zona di Porta San Marco, passando accanto al tempio della dea. che

---

[25] M. C. Cresti, *Fate e folletti della Toscana. Creature magiche, mostri, orchi e altri esseri fantastici delle leggende, delle favole e delle tradizioni toscane*, Firenze 2012, pp. 47 e 60.

le dà nome- in Castelvecchio.

La leggenda della Diana, il fiume sotterraneo mai trovato, ha suscitato l'ironia di Dante. Eppure di questo fiume fantasma si parla nelle carte e nelle più antiche tradizioni senesi: una leggenda nata con la città e alimentata dalla scarsezza di acqua, che ha portato alla mitizzazione di un'antica fontana che sorgeva probabilmente dalle parti di Castelvecchio. Fino alle prime generazioni del XX secolo, non vi era senese che non sapesse di questo fiume mai scoperto, che non avesse sentito strane leggende o ascoltato il rumore del suo scorrere.

La Repubblica di Siena iniziò le ricerche della vena acquifera fin dal 1176, quando

li frati di S. Maria del Carmine, avendo disagio d'acqua et avendo notizia della vena di Diana sotto Castelvecchio, la quale rigava sottoterra pel loro horto et aveva uscita in Tressa, deliberarono farne un pozzo... la mattina, tornando all'opera trovarono l'acqua essere abbondante et buonissima.

Passò un secolo: è l'anno 1295 quando il consiglio generale cittadino deliberò all'unanimità per la prosecuzione dei lavori che avrebbero dovuto scoprire il fiume sotterraneo. Non se ne trovò traccia, ma il Comune continuò a pagare gli scavi. Fra il XIII e il XIV la contabilità del Comune riportava le spese per gli astrologi che avrebbero dovuto individuare i punti più adatti per iniziare i lavori: tutto inutile. Eppure lo scorrere del misterioso fiume sembrava palese, con un'amplificazione che il tufo falsava nella direzione giusta da seguire, in modo che risultava difficile stabilire la portata dell'acqua. Una città nata sul tufo e su antichi cunicoli etruschi, costruiti per trasportare le acque dell'acquedotto (i famosi e sempre attivi bottini), per collegare i palazzi o per uscire dalla città e salvarsi da un possibile assedio. Un oscuro mondo che si contrappone a quello della luce, con mille strade che si intersecano a vari livelli, sentieri in parte ancora da scoprire, testimoni di strane leggende o di una vera e propria civiltà sotterranea che vivrebbe nel regno di Diana, visto che, oltre al classico rumore d'acqua, si udirebbero voci e lamenti provenienti dalle più profonde cavità. Nei secoli la leggenda di Diana ha trasformato la dea in strega, la *Domina Ludi*, la Signora del Gioco alla testa del sabba; così il fiume di Siena perché nasconde mille pericoli, non si vede, e non restituisce nemmeno i corpi di coloro che sono scesi a cercarla. Peccato che non sia possibile ricostruire con precisione le vicende di persone scomparse nel sottosuolo, perse nelle diramazioni di mille cunicoli con salti scoscesi e frane improvvise. Ciò riporta alle scoperte fatte recentemente a Montereggi, dove, in relazione al culto delle acque, in una cisterna etrusca è stata rinvenuta un'immagine di dea deposta sul fondo, allo scopo di proteggere la sorgente d'acqua che alimenta la cisterna e di consacrarla.

La figura di donna ha i capelli raccolti sulla fronte e mostra una collana e due orecchini nell'impostazione tradizionale di questa tipologia di terracotte architettoniche, in base a un modello in voga dal quinto secolo avanti Cristo. Il reperto scoperto a Montereggi, per la presenza di volute in foglia d'acanto, si può datare intorno alla metà del quarto secolo avanti Cristo. È un elemento di forma quadrangolare da fissare sugli elementi rampanti o sull'architrave del tetto di un santuario: la leggera rotazione del viso verso sinistra testimonia che era stata realizzata per essere posizionata frontalmente, nella parte destra, rispetto a chi guardava, dell'architrave.

Artemide/ Artumnes, da una cisterna, IV sec. a.C. Montereggi (Museo di Montelupo Fiorentino)

La lastra figurata è stata trovata sul fondo della cisterna: posizionata sopra un letto di ciottoli bianchi, che probabilmente filtravano l'acqua raccolta dalla struttura ed era protetta da alcune pietre. Si tratta probabilmente di una deposizione rituale, attraverso la quale essa ci è giunta quasi integra. All'immagine, riferibile forse ad Artemide/*Artumnes* – la romana Diana, la divinità dalla quale avrebbero preso il nome gli etruschi di Artimino, sul cui territorio sorgeva il centro di Montereggi –, doveva avere la funzione di proteggere l'acqua captata dalla cisterna. Al momento non vi sono riscontri precisi su questo documento, se non la sua derivazione da modelli più antichi, e un probabile rapporto con le opere artistiche della Magna Grecia.

Giova quindi accennare al culto di Diana-*Artumnes* in Etruria.

Molte divinità greche, specialmente quelle più note, passarono nel pantheon etrusco, che le adottò, cambiandone il nome. Tra queste la sorella di Apollo, Artemide, che appare raffigurata, abbastanza spesso, sulle impugnature degli specchi in bronzo.

Nel VI secolo a.C., però, le offerte presentate all'altare del tempio di Menerva, nel santuario di Portonaccio a Veio, presentano due dediche votive su ciascun oggetto, ad *Aritimi* ed a *Turan*, le greche Artemide ed Afrodite. Più diffusa della forma *Aritimi* è la forma *Artumes* che è anche più vicina al termine greco originario e che è stata documentata in un graffito, ritrovato presso Gravisca, porto di Tarquinia, datato al VI secolo. La forma *Artumes* è documentata a Roselle, per l'offerta di una coppa attica, ed a Tarquinia nella consacrazione di una barretta oracolare presso l'Ara della Regina.

Dunque Artemide, od una divinità con caratteristiche simili ad Artemide, veniva adorata in Etruria nel VI secolo a.C. in associazione ad altre divinità femminili. Gli specchi figurati mostrano *Artumes* con le caratteristiche proprie dell'Artemide greca. Uno specchio tardo arcaico la ritrae a cavallo di una cerva. A volte la dea è associata al fratello Apollo e, in alcuni casi, a Latona (in etrusco *Letun*), madre di entrambi. Il carattere vendicativo e pericoloso della Artemide etrusca, proprio anche della sua corrispondente greca, viene chiaramente rappresentato nella scena su uno specchio in cui è raffigurato il rapimento di *Arianna/Estia* dopo la sua unione con Dioniso/*Fufluns*. Qui Artemide, richiamata nella variante *Artames* del nome, ha con sé un arco e richiama la funzione di Lasa della morte inviata dagli dèi a ristabilire l'ordine sulla terra, riportando Arianna nel regno degli Inferi. Dunque Artemide, od una divinità a lei similare, in Etruria, assume un carattere nettamente ctonio, che si armonizza con il suo ruolo di sorella del nero Apollo etrusco, divinità anch'essa infera, venendo a corrispondere con Ecate.

Pur essendo leggenda, la storia della Diana dunque penetrava completamente nel vissuto della città fino a condizionarlo. Il solo fatto di esistere come luogo dell'immaginazione e dell'attesa, il solo fatto che gli si attribuisce il nome di Diana, cacciatrice ma anche protettrice della creazione, ci parla di una dimensione privata e profonda della città. La Diana è qualcosa di più di una *vecchia testimonianza degli sforzi condotti per secoli dai senesi per rifornire la città povera di acqua*: è forse soprattutto la dimostrazione del senso del mistero e dell'occulto insito nella città. Del resto la dea ha un fortissimo legame col Palio dell'Assunta: nel 18 a.C. Ottaviano Augusto istituì alle Calende del mese – il 13 agosto - le *feriae Augusti*, le feste di Augusto. Nell'antica Roma si celebrava Diana, la *regina silvarum* che tutelava le nascite. E nello stesso giorno si festeggiava la principale divinità etrusca, Voltumna/ Vertumnus, come si vedrà tra poco.

Non è forse solo una coincidenza che la più celebre canzone senese sia legata proprio alla Piazza del Campo ed ad un'erba che nel periodo romano era legato al culto della Grande Madre, sia sotto l'aspetto lunare di Artemide- Diana che di Afrodite Urania e di Giunone Lucina; erba, con i suoi fiori, considerata le lacrime della dea:

la verbena.

Nella piazza del Campo
ci nasce la verbena.
Viva la nostra Siena,
la più bella delle città,

Canzone che sia col testo originale- cui manca sempre la prima strofa, *E mentre Siena dorme e tutto tace...*- che nelle infinite varianti paliesche è popolarissima a Siena nei giorni del palio e non solo, basti pensare ai tifosi della *Mens Sana Siena* che la intonano prima di ogni partita; cantata non solo in pace, ma anche come inno guerresco, come ricorda Dino Corsi, giornalista senese e camicia nera volontaria in tre guerre con la 97a legione CC.NN. *Senese* (cadrà in combattimento sul fronte russo nel dicembre 1942) e soprattutto grande appossionato del palio e contradaiolo del Nicchio, che in una corrispondenza dal fronte jugoslavo scriveva:

...Là, dove è la sede del Comando di Battaglione, è un lembo di Siena con tutte le sue Contrade.
(...) Si canta così a squarciagola, che, ormai, anche a Belgrado, devono aver inteso che

"*Nella Piazza del Campo*
ci nasce la verbena"[26]

Innumerevoli, come detto, le varianti contradaiole, la più celebre delle quali recita:

Si sa che 'un lo volete
il nostro bel ...,
per forza e per amore
per forza e per amore,
si sa che 'un lo volete il nostro bel ...,
per forza e per amore lo dovete rispettà.

oppure

Quand'entra ... in piazza
tutta la gente trema,
è il più bello di Siena,
è il più bello di Siena,
quand'entra ... in piazza

---

[26] Dino Corsi, "L'ora del destino", *Il Telegrafo*, 12 aprile 1941.

tutta la gente trema
è il più bello di Siena,
lo dovete rispettà.

Quand'entra ... in piazza
brilla come una stella,
di Siena è la più bella,
di Siena è la più bella,
vi s'è fatti ripurga'!

Solo per citarne due varianti.
Il nome *Canto della Verbena* prende origine dalla tradizione secondo cui nel Campo, in origine fuori dalle mura cittadine la verbena sbocciasse spontaneamente per l'acqua di Fonte Gaia. Si sono visti i legami tra la fonte e Diana, custode delle fonti e dei torrenti, o anche Afrodite, e poi la Vergine. I greci e i romani chiamavano la verbena le lacrime di Diana, affranta per la morte di Ippolito, o di Demetra (che con Ecate e Diana costituiscono una stessa divinità triplice, simboleggiante le fasi lunari e il circolo delle stagioni) dopo il ratto di Persefone ad opera di Ade. Sulla Triplice dea torneremo più avanti a proposito delle tarsie del Duomo.
Presso i romani alle calende di gennaio, vigeva l'usanza di scambiarsi mazzolini di verbena in segno di buon auspicio, dette *strenae* perché raccolte nel bosco sacro della dea Strenia; veniva usata anche per la purificazione degli altari i romani la tenevano in grande considerazione come sacra e la destinarono a cingere il capo degli ambasciatori, i *fetiales*: come scrive Marciano,

Sacer chiamasi tutto ciò ch'è protetto e difeso contro l'ingiuria degli uomini.
La parola sacer è derivata dalla voce sagem che significa verbena. Le verbene sono certe erbe che i legati del popolo romano portar sogliono per rendere le loro persone inviolabili, come i legati della Grecia portano quelle si chiamano cerycia[27].

La verbena utilizzata per incoronare i *fetiales* veniva colta presso il tempio di Giove Capitolino. Plinio il Vecchio la riteneva utile per *estrarre sorti e predire l'avvenire*: ed infatti proprio nel luogo dove veniva colta la verbena ogni mese il Flamen Dialis sacrificava un agnello a Giove Celeste: si trattava del *templum* da dove gli auguri traevano i pronostici. Non è da escludere che, data anche la posizione dominante del campo vi si svolgessero analoghe cerimonie in età etrusco-romana.
Era sacra al Sole, e Diana era raffigurata incoronata di verbena e mirto; del resto era sacra anche a Venere, e nota come *herba Veneris*.

---

[27]Marcianus, lib. 4 Regularum.

Nessuno tra i mortali, né indigeno né straniero,
si era mai inoltrato per quella via, o ne aveva oltrepassato la soglia;
lo impedisce infatti la terribile dea regina
che ispira furore rabbioso nei suoi cani dagli occhi infuocati.
Nella parte più segreta della cinta muraria c'è un bosco sacro
ombroso d'alberi rigogliosi, nel quale verdeggiano molte
piante d'alloro e di corniolo e platani svettanti.
In esso vi sono prati che proteggono umili radici:
(...) la fragile verbena
(...) e molti altri farmaci di questa regione.

Il giardino inviolato, ricco di fragranti essenze medicinali in cui non può mancare la verbena, è il penetrale segreto della dea Artemide, la Atumnes etrusca, la Diana romana. Ci troviamo sul limitare di un orto mistico, descritto in un poema del V secolo d.C., le *Argonautiche Orfiche*, che racconta il viaggio avventuroso e iniziatico degli Argonauti, un gruppo di eroi alla ricerca del favoloso vello d'oro. Delle tante versioni letterarie della leggenda, qui è presentata quella "orfica", cioè narrata da Orfeo, che fu spettatore di quei fatti meravigliosi. Il giardino della dea si spalanca all'improvviso lungo il cammino degli Argonauti, in uno scenario sacro e spaventoso al contempo. Sette cinte di altissime mura e tre possenti portali di bronzo lo proteggono, al di là dei quali appare il simulacro della padrona di quei luoghi, che si erge imponente sullo stipite: eccola Artemide, la Custode delle Porte! Valicare la soglia della sua casa è concesso solo a chi sia stato partecipe dei suoi riti iniziatici; è lì che si trova il tesoro agognato, il vello, la ricompensa suprema.
Ma nel gruppo degli argivi si cela una grande risorsa: Medea, la maga che per amore di Giasone ha abbandonato famiglia e patria per seguire il nuovo compagno nella sua impresa. A lei, che è adepta di Ecate, la forma ctonia e notturna della triade ecate- Artrmide- Afrodite, e conosce le arti occulte, spetterà il compito di addolcire la dea e di placare il drago custode del tesoro, mescolando i farmaci di cui è esperta. Grazie ai suoi gesti sapienti, ai suoi incantesimi e alle radici malefiche si spezzano i chiavistelli che serrano le porte bronzee e subito tutto l'incanto del bosco sacro si sprigiona di fronte ai loro occhi. Il cuore del giardino è un paradiso di fragranze e virtù officinali che il poeta rivela in un elenco botanico sistematico che sembra uscito dalle pagine di un erbario, ma che possiede anche l'ipnotica cadenza di una preghiera incantatoria. Come il testo rivela subito dopo, al centro del bosco si staglia il tronco possente di una quercia e appeso a un grande ramo c'è il vello, sorvegliato da un serpente spaventoso, funesto guardiano; come il drago Ladone, custode del giardino delle Esperidi, il rettile è instancabile e insonne, si avvolge alla base del fusto e impedisce la profanazione.
Intorno all'albero sacro germogliano ben venticinque diverse specie di erbe officinali e fiori, tutte riconducibili a un preciso archetipo; ognuna, se interrogata nella

sua natura più profonda, svela significati e simboli di grande densità filosofica. Panacee e veleni intrecciano steli e fragranze, perché il giardino sacro racchiude la forza salvifica e il potere di morte che appartengono all'essenza stessa della natura. C'è la mandragora, erba di Circe, il letale aconito e il leontopodio utile per le pozioni magiche, il carpaso che induce al sonno e il papavero che porta l'oblio. Poi c'è il croco, fiore nuziale; dalla sua corolla si liberano due fragili filamenti che fluttuano al tocco della brezza simulando l'abbraccio di due amanti. E ancora l'asfodelo, fiore ultraterreno, panacea medicinale e alimentare; il ciclamino, antidoto contro i filtri malefici e fiore amico delle donne: come tutti i bulbi appartiene al mondo sotterraneo, ma quella forma circolare, che suggerisce l'immagine di un utero, ne sancisce l'autorità di farmaco ginecologico.
Seguono molte erbe salvifiche e sante: la veneratissima verbena, la peonia, la panacea, la salvia, che porta nel nome la vocazione alla "salus"; il solano che porta "solamen", sedazione e conforto. E poi la lavanda delle spose, l'umile camomilla "matricaria", protettrice della *matrix*, regina delle piante care alle donne. E altre ancora: il capelvenere, il caprifoglio, il polio che attira la fortuna, lo smilace, il nasturzio e l'afrodisiaca alcea. Strangely, non sono citate due piante che la tradizione annoverava tra quelle sacre ad Artemide: l'artemisia e il lentisco. La prima porta il nome della dea, e godeva di numerosissimi impieghi nella medicina femminile, in particolare per la gravidanza e il parto, come si conviene a una pianta legata a colei che con l'epiteto di Ilizia o Lucina veniva invocata dalle partorienti in travaglio: un'erba che a buon diritto era annoverata tra le cosiddette *matres herbarum*..
Anche il lentisco era noto per i suoi impieghi nei disturbi ginecologici ed era consacrato alla memoria della più amata fra le compagne di Diana, la ninfa Britomarti, in realtà antica personificazione della dea stessa. Questa, chiamata anche Dittinna, era una cacciatrice del monte Ditte, a Creta; qui cresceva un'erba autoctona dalle molte virtù farmaceutiche, il dittamo. Una pianta rara e difficile da trovare, ma capace di attenuare i dolori del travaglio e di rendere più facile il momento della nascita. La tradizione tramanda che le donne avessero dedotto la *vis* di questa pianta osservando il comportamento delle capre montane, le quali, quando venivano ferite da una freccia, cercavano spontaneamente il dittamo e lo ingerivano, provocando l'eliminazione del corpo estraneo. Da qui l'intuizione delle levatrici di sfruttare la forza espulsiva di questo portento vegetale inglobandolo nella farmacopea della medicina delle donne.
Le donne romane, che durante l'anno usavano appendere alle pareti del santuario di Diana tavolette votive, la invocavano come Lucina, protettrice dei parti. In un tempietto sull'Aventino- il colle di Diana, dove sorgeva il principale tempio romano della dea, le cui dimensioni eguagliavano l'Artemision di Efeso- si svolgeva tra i lauri del bosco la festa in onore di Vortumno, il dio delle stagioni, capace di assumere forme maschili e femminili.

Grazie a me – gli faceva dire Properzio – *si azzurrano i grappoli della prima uva, la spiga si gonfia di latice. Puoi vedere qui le dolci ciliegie, le prugne d'autunno, le more arrossate al sole dell'estate; qui con corone di frutti l'innestatore viene a pagare il suo voto.*

Si ricordi come Vertumnus nella forma etrusca di Voltumna fosse il dio protettore della confederazione etrusca, e come le dodici città si riunissero una volta all'anno presso il santuario volsiniense del dio presso l'odierno Campo della Fiera ad Orvieto (*Volsinii veteres*). Una missione dell'Università degli studi di Perugia, in collaborazione con l'Università di Macerata, dal 2000 sta conducendo scavi archeologici nella località detta *Campo della Fiera*, posta a ovest della rupe tufacea su cui sorge la città di Orvieto. Tali indagini, ancora in corso, hanno portato alla luce i resti di un grande santuario, che si ipotizza possa essere riconosciuto come il *fanum Voltumnae*: il santuario federale degli Etruschi, presso il quale ogni anno si riunivano i rappresentanti delle più importanti città. Il tempio è affiancato da due pozzi e preceduto da due altari e ha restituito materiali di altissima qualità (terrecotte architettoniche, ceramiche attiche a figure nere e rosse, bronzi figurati, monete di diverse zecche, pesi da telaio). In particolare, le terrecotte architettoniche si distinguono per la policromia ancora molto vivida. L'area risulta aver avuto una lunghissima frequentazione cultuale che va dalla metà del VI secolo a.C. al 1350 circa.

Voltumna era il *deus Etruriae princeps*, secondo Varrone[28].

Si trattava forse di un aspetto, o di un epiteto di Tinia, a sua volta corrispondenta al latino Juppiter; ma Voltumna, a differenza di Tinia non ha corrispondenze nel pantheon romano, ad eccezione appunto di Vertumnus che deriva completamente dalla divinità etrusca. Il suo culto venne introdotto ufficialmente a Roma nel 264 a.C., quando Volsinii venne distrutta dai romani; gli venne dedicato allora un tempio sull'Aventino, consacrato il 13 agosto da Marco Fulvio Flacco, trionfatore sui volsiniensi. Secondo Varrone invece Vertumnus era già conosciuto dai romani sin dall'età regia: il suo culto sarebbe stato introdotto a Roma insieme ad altre divinità da Tito Tazio ossia in età romulea[29]. Più verosimile sarebbe ipotizzarne l'introduzione a Roma ai tempi della dominazione etrusca. Una statua del dio, posta in un sacello nel *Vicus Tuscus* veniva incoronata dai bottegai con ghirlande e corone di fiori, ricevendo offerte di frutti di stagione e di vesti e strumenti propri dei vari mestieri.

Questo culto popolare ha ispirato a Properzio, che, non lo si dimentichi, era di origini etrusche, una bella elegia (IV,2) ed a Ovidio la storia degli amori del dio con Pomona, dea delle messi (Metamorfosi, XIV, 623 segg.)

Gli antichi eruditi e poeti latini facevano derivare il nome di Vertumnus da *vertere*, in conseguenza era il dio dell'anno *vertens*, aveva la facoltà di poter cambiare aspet-

---

[28] Varro, *De lingua Latina* V, 46.
[29] *De ling. lat.*, V, 74

to, di arrestare e respingere le acque del Tevere. E come il dio era colui che faceva *vertere* le stagioni e il cosmo, nelle gare equestri in suo onore tenute presso il santuario volsiniense, la cui importanza venne rafforzata da Augusto nella propria politica di appoggio ai culti italici tradizionali, veniva riprodotto il *vertere* dell'anno e del corso del sole. Ciò che si ritrova ancora oggi, negli stessi giorni: il Palio dell'Assunta si corre il 16, ma la tratta, il sorteggio dei cavalli, l'assegnazione e la prima prova avvengono attualmente il 13 agosto.

E' dunque chiara la simbologia notte- giorno, bianco- nero, vita- morte ravvisabile già nel *lusus Troiae*, insieme all'aspetto guerresco che si incontra anche nel Palio: come nel *lusus* il Palio è l'unica gara ippica in cui i fantini si battano tra di loro, usando il nerbo- fino a qualche decennio fa veniva usata una frusta ben più lunga, con la quale si tentava di disarcionare l'avversario- come nei versi virgiliani già citati:

Inde alios ineunt cursus aliosque recursus
adversi spatiis, alternosque orbibus orbis
impediunt pugnaeque cient simulacra sub armis;
et nunc terga fuga nudant, nunc spicula vertunt
infensi, facta pariter nunc pace feruntur.
Ut quondam Creta fertur Labyrinthus in alta
parietibus textum caecis iter ancipitemque
mille viis habuisse dolum, qua signa sequendi
frangeret indeprensus et inremeabilis error;
haud alio Teucrum nati vestigia cursu
impediunt texuntque fugas et proelia ludo[30]

Nella tomba della Scimmia a Chiusi (ca 480- 470 a.C.) nell'ambito di giochi a carattere funebre, insieme alla lotta è raffigurata una corsa di cavalli- uno nero ed uno baio- in cui un fantino vestito di una tunica bianca disarciona un altro cavaliere

---

[30] *Quindi eseguono cariche e ritirate*
fronteggiandosi sul campo, e giro dopo giro
si alternano e danno l'impressione di una battaglia in armi;
ed ora scoprono la schiena nella fuga, ora rivolgono le lance
aggressivi, ora, fatta la pace, cavalcano affiancati.
Come si riporta che sulle alture di Creta un tempo il Labirinto
un percorso composto di pareti cieche e un ambiguo
inganno di mille vie avesse, in modo che seguire le tracce
un errore trascurabile e irimediabile rendesse impossibile;
non diversamente i figli dei Teucri le orme con il percorso
confondono e intrecciano per gioco fughe e battaglie.
Verg. Hen., V, 585- 593.

nudo con un colpo di nerbo[31]. E' interessante come compaia una scimmia, che dà il nome alla tomba, ed un animale analogo sia rappresentato anche sul vaso della Tragliatella.

Tomba della Scimmia, Chiusi.

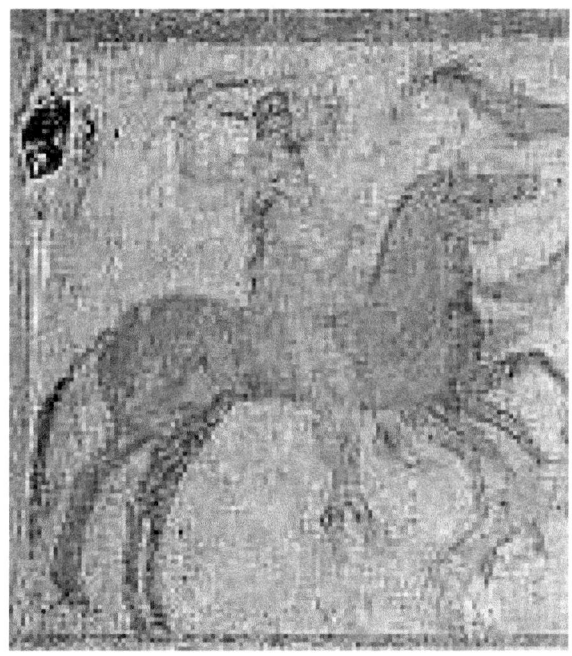

Tomba della Scimmia, Chiusi. Particolare del cavaliere col nerbo.

---

[31] Non ci sembra che si possa parlare di *desultores* per i due fantini come è stato fatto, perché il nerbo è visibilissimo e chi lo agita non sembra assolutamente un giocoliere. Inoltre la scena è inserita in un ambito di lotta, vicino ai due pancraziasti.

Tomba del Maestro delle Olimpiadi, Tarquinia (fine VI secolo).

La Balzana, il Duomo, la Vergine.

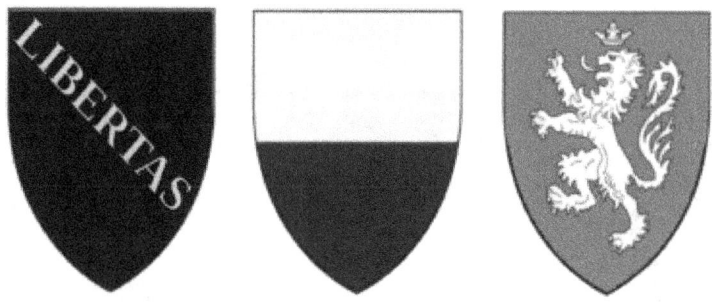

Stemma della Repubblica Senese, Balzana del Comune, stemma del Capitano del Popolo.

La Balzana sarebbe rimasta per sempre lo stemma di Siena.
Non si possono qui dimenticare i due fumi, bianco e nero usciti dai sacrifici di Senio e Ascanio/ Aschio che secondo la tradizione ne furono l'origine: due come i cavalieri della Tragliatella, ma anche due come i gemelli celeste e ctonio Tinia-Summanus che corrispondono esattamente ai romani Juppiter e Vediovis; i due fumi avrebbero dato origine alla Balzana, appunto[32].
Nel Duomo di Siena si incontra uno dei massimi monumenti esoterici dell'Europa Rinascimentale, che presenta una serie di elementi utili per inquadrare taluni aspetti del palio rinascimentale cui abbiamo accennato, quelli astrologici. Lo faremo basandoci sull'eccellente studio di Vinicio Serino «Cultura ermetica e spiritualità "altre" a Siena nel Rinascimento» pubblicato su *Hiram* n. 3 del 2005.
Varcata la soglia del grande portale centrale, il visitatore si imbatte nella tarsia che raffigura un grande personaggio del passato: Ermete Trismegisto, Thoth per i sapienti dell'antico Egitto, considerato il padre dell'alchimia e dell'ermetismo, che da lui prende nome, figura cardine da cui origina un complesso e imponente impianto iconografico in chiave alchemica. Il progetto fu ideato dal nobile senese Alberto Aringhieri, Cavaliere di Rodi, Rettore dell'Opera del Duomo fra il 1481 e il 1488 e poi di nuovo chiamato in causa nel 1505, anno in cui ordinò e seguì la realizzazione della magnifica tarsia intitolata "Il Monte della Sapienza".
Non vi è praticamente opera di raccolta e commento dei testi del *Corpus Hermeticum* che non faccia ricorso, solitamente nella prima di copertina, alla tarsia marmorea del Duomo di Siena rappresentante Ermete Mercurio Trismegisto, il signore

---

[32] E' interessante notare come numerose città latine, come Roma, ovviamente, e *Tibur* fossero state fondate da gemelli di origine divina: Remus e Romulus, Catillus figlio Anfiareo e Tibullus

della scrittura, della magia e di ogni sapere, la trasposizione, nella cultura greca e romana, del dio egizio Toth dalla testa di ibis. Una tarsia verosimilmente realizzata intorno al 1488, opera attribuita al genio di Giovanni di Stefano, uno degli artisti più rappresentativi della cultura rinascimentale senese, che fa bella mostra di sé esattamente davanti all'ingresso principale della Cattedrale dell'Assunta.

"*Ermete Mercurio Trismegisto contemporaneo di Mosè*", Duomo di Siena.

Non vi è alcun dubbio che uno dei tre personaggi ivi rappresentati sia proprio Ermete, dal momento che una provvidenziale scritta apposta al di sotto del riquadro ammonisce il visitatore che lì è effigiato *Hermes Mercurius Trimegistus Contemporaneus Moysi*. Introducendo quindi, nella già complessa vicenda, un ulteriore, fondamentale elemento di riflessione, costituito appunto dall'accostamento di quella divinità dai formidabili poteri magici, ma anche dalle sterminate conoscenze in ambito astrologico e alchemico, con Mosè: del suo rapporto, qui definito "di contemporaneità", con colui che condusse il popolo eletto dall'Egitto alla Terra promessa. La cosa è di per sé abbastanza singolare se è vero che le immagini di Ermete all'interno dei templi cristiani sono non solo una rarità bizzarra, ma addirittura il segno di una irriguardosa inosservanza verso le prescrizioni di Agostino d'Ippona che, come ricorda F. Yates riprendendo alcuni passi del *De civitate Dei*, attacca lo stesso Ermete

[...] *per aver lodato le pratiche magiche con cui gli Egiziani infondevano spiriti o demoni nelle statue degli dei, rendendole, così, animate e trasformandole a loro volta in divinità. Sì che, pur apparendo come un profeta dell'avvento del Cristianesimo era comunque accecato dalla sua ammirazione per l'idolatria egiziana ed era il diavolo a suggerirgli la profezia della futura distruzione di essa*[33].

D'altra parte Agostino aveva espresso queste negative opinioni – che di certo *mettevano in difficoltà i molti devoti ammiratori degli scritti ermetici* – anche con riferimento ad altri personaggi della cultura pagana che avevano preannunciato l'avvento del dio incarnato.

Se si dice che la Sibilla, o le Sibille, Orfeo e un certo Ermete che non conosco, nonché i vati o i teologi o i sapienti o i filosofi dei Gentili abbiano predetto o affermato delle verità sul Figlio di Dio o sul Padre Dio, ciò può servire per confondere la vanità dei pagani, non certo per abbracciarne l'autorità. Noi infatti mostriamo di venerare quel Dio del quale non poterono tacere neppure coloro che in parte si permisero di insegnare agli altri pagani, loro fratelli, a venerare gli idoli e i demoni, in parte non osarono proibirne il culto[34].

E non vi è dubbio, da questo punto di vista, che Ermete fu esattamente il capostipite di coloro che insegnarono la venerazione di idoli e demoni, almeno secondo la fede a tutta prova di Agostino.
E allora perché l'immagine di questo personaggio, che un padre della chiesa sostiene di *non conoscere*, è lì, all'interno di un tempio cristiano, la casa della Vergine, la *sedes sapientiae* della città? Per di più in una collocazione di tutto rispetto dal punto di vista dell'immaginario simbolico che, come afferma Frances Yates, *vale ad attribuirgli una così preminente posizione spirituale*[35] poiché in grado di catturare lo sguardo del fedele appena penetrato all'interno dello spazio sacro. La sua presenza all'interno del Duomo di Siena doveva costituire, con molta verosimiglianza, una ulteriore "stazione" di un "programma segreto", costruito col proposito di lasciare, a chi in possesso di occhi per vedere, le tracce (copiose) di una straordinaria cultura, di se-

---

[33] F. Yates, *Giordano Bruno e la tradizione ermetica*, tr.it. Roma-Bari 1989, pp. 22-23.
[34] Agostino d'Ippona, *Contro Fausto manicheo*, XIII, 15
[35] Yates, op. cit., p.58.

gno inequivocabilmente ermetico, che, attraverso artisti quali Giovanni di Stefano; astrologi quali Luzio Bellanti; "filosofi" quali Aringhieri deve aver certamente allignato in Siena per almeno un venticinquennio, proponendosi come una sorta di non dichiarata alternativa alla ortodossia cristiana. Per gente raffinata e di grandi letture come l'Aringhieri la scienza di Ermete fu una vera e propria concezione del mondo rivelata ai fedeli, come scrisse Franz Cumont, attraverso *una oscura letteratura [...] apparentemente sviluppata tra il 50 a.C. ed il 150 d.C.*[36]

Ma chi era Alberto Aringhieri? Cavaliere di Rodi, era il discendente di una facoltosa famiglia che aveva fatto le proprie fortune nella vicina Casole d'Elsa. Il padre, Francesco, era un "curioso", che coltivava interessi a metà strada tra la scienza e la magia. Alberto diventerà, intorno al 1480, l'Operaio della Cattedrale, ossia in pratica il Direttore Amministrativo – ma in questo specifico contesto l'espressione è senz'altro impropria – degli imponenti lavori che riguardarono in quegli anni davvero intensi la struttura architettonica e l'impianto iconografico del Duomo di Siena.

Per altro, già prima della realizzazione di Ermete, Alberto Aringhieri aveva impresso il proprio segno nei marmi del Duomo dell'Assunta facendo incidere, tra il 1482 ed il 1483, e sempre sul pavimento della Cattedrale, dieci Sibille, dieci come le contrade che corrono il Palio, per coincidenza, le profetesse dell'antichità tratte dalle *Antiquitates rerum humanarum et divinarum* di Marco Terenzio Varrone (I secolo a.C.). Si tratta, per la precisione, della Sibilla Delfica, della Sibilla Cimmera, della Sibilla Cumana, della Sibilla Eritrea, della Sibilla Persica, della Sibilla Libica, della Sibilla Ellespontica, della Sibilla Frigia, della Sibilla Samia, della Sibilla Albunea.

Ma l'ordine con cui si susseguono all'interno del duomo senese è completamente diverso rispetto a quello proposto dal suddetto Marco Terenzio Varrone. Ed ancora diverso da un altro "percorso sibillino", aperto una ventina d'anni prima da Sigismondo Malatesta, in quel di Rimini, nel suo celebre Tempio – che tanto aveva colpito il Papa umanista Pio II sì da dichiarare *non sembra un Tempio di Cristo, bensì di fedeli adoratori del demonio* – egualmente formato dalle stesse enigmatiche sacerdotesse, ma rappresentate secondo una sequenza del tutto diversa rispetto a quella di Siena. E questo è un primo, importante segno della logica che sembra abbia guidato il disegno di Alberto Aringhieri. Il quale potrebbe aver voluto ivi collocare quelle annunciatrici dei tempi a venire, e che la dottrina cristiana concepiva solo – come aveva del resto affermato Agostino – per aver vaticinato il futuro avvento del Cristo, allo scopo di lanciare, ai propri ignari concittadini, un enigmatico messaggio sul loro futuro prossimo. Le dieci profetesse, infatti, furono realizzate tutte tra l'anno 1482 e l'anno 1483. Ufficialmente per annunciare l'avvento di Cristo. Ma vi è chi ha avanzato, e non senza autorevolezza, una ben diversa ipotesi: l'"ordito" di Aringhieri sarebbe stato infatti concepito per una considerazione di carattere

---

[36] F. Cumont, *Astrologia e religione presso i greci e romani*, tr.it. Milano 1990, p.81

astrologico. Perchè il 1484 veniva preannunciato come un *annus horribilis*, l'anno di epocali sommovimenti prodotti dalla nefasta congiunzione di Giove e Saturno in Scorpione, temibilissimo segno di morte e di cambiamento. Le Sibille, misteriose annunciatrici, collocate emblematicamente in quello spazio ed in quel tempo, dovevano servire ad avvertire il mondo dei tremendi rischi incombenti.

È molto probabile che Aringhieri acquisisse queste "competenze astrologiche", grazie a Luzio Bellanti, notissimo astrologo senese di quel periodo, rimasto celebre per la disputa che lo aveva opposto a Pico della Mirandola in tema di Astrologia divinatrice[37]. La pista astrologica è stata battuta da Ioan Couliano con la citazione di una celebre profezia di Joannes de Clara Monte che annunciava la nascita del piccolo profeta di Germania. Un essere dotato di "grande saggezza", ma anche capace di schizzare, *al pari di uno scorpione, il veleno che ha nella coda*. Couliano azzarda la identificazione di questo profeta con Martin Lutero, l'artefice della rottura della unità della Chiesa romana e che, con l'affissione delle sue novantacinque tesi, certamente avrebbe contribuito non poco a scompaginare i delicati equilibri religiosi, ma anche politici ed economici, della vecchia Europa. Anche se per la storia, il ribelle agostiniano seppure nato il 10 Novembre, ossia sotto il segno del malefico Scorpione, avrebbe in qualche modo anticipato di un anno le previsioni di Bellanti ed Aringhieri, avendo visto la luce, appunto, nel 1483 e non, come era stato preconizzato, nel 1484. Non vi è comunque dubbio che la suggestione sia forte, soprattutto in considerazione della collocazione "anomala" – come già detto anomala rispetto a Varrone, da cui sono tratte – delle Sibille e delle citazioni ivi riportate, per lo più ricavate dalle *Divinae Institutiones* di Lattanzio, che ne illustrano la presenza.

---

[37] P. Della Mirandola, *Disputationes adversus astrologiam divinatricem*, a cura di E. Garin, vol. 2, Firenze 1946 e 1952.

La sibilla delfica, Duomo di Siena.

È segno di prudenza evitare con ogni cura di penetrare nel mare magno di questo messaggio la interpretazione del quale, ovviamente, non può che essere meramente ipotetica. Ma sembra comunque utile richiamare l'attenzione su due aspetti particolarmente interessanti che riguardano la prima Sibilla, ossia quella Delfica, connotata da una scritta estremamente eloquente e che recita così:

Ipsum Tuum
Cognosce Deum
Qui Dei Filius Est.

È rappresentata nell'atto di reggere una fiaccola, forse per segnalare la irriducibile volontà di illuminare la oscurità di un percorso. Con quel motto di pietra e con quella fiaccola ostentatamente accesa ed innalzata verso l'alto, la Sibilla Delfica riprende l'insegnamento del celebre oracolo di Apollo, che invita a guardare dentro noi stessi. Ma aggiunge qualcosa di più e, dal punto di vista della ortodossia cattolica, non perfettamente in linea: induce cioè il "lettore sensibile" a conoscere, ossia a cogliere nelle profondità più reposte del proprio essere, il suo dio. Il dio che porta dentro di sé, la scintilla divina di matrice gnostica ed ermetica, ben diversa dalla idea del dio-persona espressa dalla dogmatica cristiana. Dunque una sorta di insegnamento iniziatico, così come iniziatico sembra il percorso, fatto appunto di 10 stazioni, che Aringhieri invita a battere nel labirinto della Cattedrale di Siena. Partendo dalla Sibilla Deifica per giungere all'ultima, quella realizzata nell'imminenza dell'avvento dell'*annus horribilis*, la Sibilla Tiburtina, Albunea.

La sibilla Albunea (Tiburtina), Duomo di Siena.

Per "giustificare", in qualche modo, la presenza delle dieci Sibille si sostiene trattarsi semplicemente di un elegante riferimento alla annunciazione dell'avvento di Cristo da parte della cultura pagana. Ed in tal senso, ossia con riguardo alla vicenda della nascita, della maturità, della passione e morte del Salvatore, viene inteso il loro messaggio. È per altro indubbio – ed anche abbastanza singolare – che è solo nell'ultima, nell'Albunea, appunto, che compare il nome di Cristo: "Nascerà il Cristo a Betlemme. Se ne darà l'annuncio a Nazareth durante il regno del toro pacifico fondatore della pace. Felice quella madre i cui seni lo allatteranno". È l'unico punto di tutto il percorso sibillino in cui viene espressa la parola Cristo. Che, forse, dal punto di vista della cultura "altra" professata da Alberto Aringhieri, poteva rappresentare, nel senso originario che la parola possiede, l'unto. Non Dio quanto, piuttosto, l'iniziato ai santi misteri, annunciato dal fiore di Nazareth e nato della città del pane, Betlemme, all'epoca del toro pacifico, ordinariamente inteso come allusione al regno di Ottaviano Augusto ma pur sempre riferibile anche all'omonimo segno astrologico che copre il periodo tra il 21 aprile ed il 21 maggio, quando la primavera è esplosa con tutta la propria forza irresistibile.

L'ultima impresa dell'Aringhieri che, ad avviso di chi scrive, testimonia più di ogni altra – e quindi più della stessa realizzazione di Ermete Trismegisto – il suo messaggio segreto è la commissione, data al pittore Bernardino di Betto detto il Pinturicchio, di un cartone di disegno per la tarsia del Colle, che il citato erudito Alfonso Landi chiama della Virtù; ma che altri appellano ancora della Fortuna, con riferimento alla splendida figura munita di cornucopia che si staglia nella parte bassa della riquadro; e che altri ancora chiamano della Conoscenza, enfatizzando il libro chiuso che reca l'immagine di donna posta alla sommità dell'ermo colle. Questa scena, collocata a metà della navata centrale, ed idealmente contrapposta ad Ermete, è senza alcun dubbio quella maggiormente rappresentativa della "spiritualità" di Messer Aringhieri, una spiritualità che nulla ha a che fare con quella di matrice cristiana. L'occhio dell'osservatore va immediatamente a cogliere la enigmatica figura femminile collocata alla sommità di un ripido colle, seduta su di un trono di pietra ben squadrata. Accanto a lei due personaggi identificati da provvidenziali scritte. Si tratta di Socrate, colui che, per amore di verità, scelse di darsi la morte ed al quale la misteriosa signora consegna una palma, simbolo di vittoria ma anche di martirio, come ha acutamente osservato Marco Bussagli. Dal lato opposto Cratete, filosofo cinico del IV secolo a.C., raffigurato nell'atto di gettare nella sottostante massa d'acqua – forse un mare, forse un fiume – preziosi monili.

Cratete getta i gioielli e i beni materiali dalla rupe, Duomo di Siena.

Con la mano sinistra – la mano che è appunto dalla parte di Cratete – la ignota signora ostenta un libro chiuso, segno di sapere non manifestato, nel linguaggio della Chiesa romana si direbbe non rivelato. Muovono verso la sommità del Monte dieci personaggi, colti in atteggiamenti molto diversi. Due soli sembrano davvero impegnati a salire gli imperi sentieri di quel colle accidentato dove allignano animali che strisciano, come lucertole, serpenti, tartarughe, chiocciole. Solo una minuscola, e pressocchè invisibile farfalla, svolazza tra i rari fiori. Una splendida femmina nuda, assolutamente insolita in una chiesa, si erge alla base dell'isola, riuscendo nella difficile impresa di mantenere un precario equilibrio, con un piede appoggiato su di una barchetta che sembra sul punto di affondare e l'altro appoggiato su di una sfera di marmo collocata alla base dell'isola stessa. Col bel braccio sinistro levato verso l'alto sostiene una vela rigonfiata da un vento impetuoso. Si tratta, è chiarissimo, della Fortuna, tra l'altro riconoscibile perché con la mano destra regge la cornucopia: quel suo precario equilibrio è una evidente allusione alla instabilità della sorte che attende ogni uomo.

Pinturicchio, La Fortuna, Duomo di Siena.

I personaggi qui rappresentati, sempre che riescano nell'impresa di raggiungere la sommità del colle, sono i predestinati a sfogliare le pagine di quel libro che la misteriosa signora tiene rigorosamente chiuso. Si tratta di veri e propri aspiranti alla Conoscenza – ma forse non sarebbe fuori di luogo il termine di "iniziato" – nei quali, recentemente, Alessandro Angelini ha voluto riconoscere Pandolfo Petrucci – all'epoca, ossia agli inizi del '500, Signore di Siena – e, appunto, lo stesso Alberto Aringhieri. Chi vuole conquistare la vetta del monte *salebrosum*, ossia sassoso, deve farsi simile ai piccoli esseri viventi che lo popolano. Tutti animali che strisciano – salvo appunto per la piccola e pressoché invisibile farfalla, in greco *psyche*, come l'anima – ossia che praticano la *humilitas*, perché è solo grazie alla francescana umiltà che ci si può accostare ai santi misteri. La vocazione al sacrificio di Socrate e la disponibilità a liberarsi delle proprie ricchezze materiali rappresentano altrettante imprescindibili condizioni per arrivare al cospetto di quella misteriosa signora e poter quindi sbirciare in almeno una delle pagine del libro che, così gelosamente, tiene serrato nella propria mano.

I saggi. Presunti ritratti di Pandolfo Petrucci e Aringhieri.

Del gruppo dei dieci non tutti sembrano disposti a farlo, essendoci chi si attarda in una animata discussione o, addirittura, chi pare irrimediabilmente perduto nei propri pensieri, seduto, forse addormentato. La scena, dunque, del tutto avulsa rispetto al contesto "ortodosso" della cattedrale e, caso mai, come messo in risalto dallo Ohly, accostabile alla soprastante tarsia della Ruota della Fortuna[38] – per altro ivi realizzata circa 150 anni prima – sembrerebbe una sorta di sintesi delle singolari "operazioni" realizzate da Aringhieri, a mezzo di una fitta schiera di artisti che dunque rispondevano ai suoi disegni, e tutte evocanti l'idea del mistero, delle lettere e delle leggi di Egitto con Ermete; della via iniziatica, con le stazioni delle Sibille; del metodo di ricerca, che appunto è chiamato a mettere in atto chi ha avuto la fortuna di approdare nell'isola di quella Donna impassibile.

A giudizio di Maurizio Calvesi la tarsia sarebbe da riconnettersi, almeno come modello ispirativo, alla celeberrima *Hypnerotomachia Poliphili*, opera forse di Francesco Colonna Signore di Preneste – ma l'attribuzione è molto contestata – e pubblicata a Venezia da Aldo Manuzio appena qualche anno prima che venisse realizzata la tarsia stessa, ossia nel 1499. Francesco Colonna, fa ancora osservare Calvesi, apparteneva alla grande famiglia signora di Palestrina, città sede della Fortuna Primigenia e dove si conserva tuttora il celebre mosaico del Nilo, per altro scoperto solo nella seconda metà del XVI secolo[39]. Per parte sua Maurizio Nicosia, nel corso di una visita a Siena di qualche anno fa, ha ipotizzato, facendo riferimento all'intero contesto, che l'isola non sia situata in mezzo al mare ma posta lungo un grande fiume, quale il Nilo. Il che potrebbe indurre ad identificare la misteriosa signora con Iside, la Grande Madre, detentrice dei segreti della vita e della morte, che rappresenterebbe così una sorta di ideale polo opposto ad Ermete, e che corrisponde alla greca Artemide e alla latina Diana, cui era dedicato il tempio che sorgeva dove venne eretto il Duomo[40].

M. di Bartolomeo, la Prudenza (particolare).

---

[38] F. Ohly, *La cattedrale come spazio dei tempi: il Duomo di Siena*, Siena 1979, p.38.
[39] M. Calvesi, Il *mito dell'Egitto nel Rinascimento*, Firenze 1988, pp.20-21.
[40] Vinicio Serino" Cultura ermetica e spiritualità 'altre' a Siena nel Rinascimento", *Hiram* n. 3/2005

E non si può infine non ricordare. tra le tarsie delle virtù cardinali nel Presbiterio, la rappresentazione della Prudenza, raffigurata con tre volti, di fanciulla, di donna e di vecchia, con un serpente in mano, richiamo al passo evangelico *Estote prudentes sicut serpentes* (Matteo 10, 16), lavoro risalente al 1406 ed opera di Martino di Bartolomeo; nel Medioe Evo la rappresentazione della Prudenza era dapprima una fanciulla con uno specchio ed un serpente, e poi un volto maschile triplice, il *Trivulzio*; ma Martino di Bartolomeo ha qui scelto di ispirarsi alle raffigurazioni della Triplice Dea, Diana, Ecate e Demetra.

Come dea della morte, Diana fu venerata come Ecate, la notturna dea della Luna. Ecate era una divinità ctonia originaria dell'Asia Minore, venerata poi in Grecia in un culto trinitario con Artemide (la romana Diana) e con Demetra, era signora del regno infero, della magia e del sortilegio. I suoi simulacri venivano eretti nell'interno delle case, alle porte delle città, nei trivii e nei quadrivii da ciò le derivò anche l'appellativo di Trivia. Era detta triforme e come tale veniva spesso rappresentata (con tre teste e tre corpi), appunto per ricordare le sue tre attribuzioni: celeste (Artemide), terrestre (Demetra) e ctonia (Ecate). A Roma Ecate era assimilata a Diana nella sua veste lunare e magica. I suoi riti venivano in genere affettuati nei trivii e nei quadrivii. Nei trivii si esercitavani i culti relativi ai filtri d'amore e alle pozioni curative, nei quadrivii, in cui in genere veniva sacrificato un gallo, si effettuavano i riti per la consultazione dei morti e per i malefici. Ecate è la protettrice delle strade, degli incroci e dei passaggi, le sue statue e altari si trovavano davanti alle case o lungo le vie, come protezione per i viandanti. Il corteo che l'accompagnava era composto da spettri e cani ululanti: per tale ragione si usava mettere agli incroci delle strade offerte di cibo, per renderla benevola, in particolare l'ultimo giorno di ogni mese, a lei dedicato. Ecate rappresentava l'aspetto più misterioso della luna, quello nella fase calante, in relazione con le streghe e i riti magici. Protettrice dei cani, animali a lei consacrati, insieme alla colomba. Il centro più importante del culto era ad Egina, dove le venivano sacrificati cani e vittime dal pelo nero, come a tutte le altre divinità degli Inferi, ma era invocata anche per il buon raccolto. Nei riti orfici era venerata insieme a Demetra e a Artemide, ed è raffigurata trimorfa, con tre corpi diversi, o con tre teste: la giovane, la madre e l'anziana. Il numero tre è il suo numero sacro. Le sue figlie erano chiamate Empuse, esseri mostruosi che potevano assumere diversi aspetti sia animali che umani. In ambito romano prevalse l'aspetto misterioso e magico: Ecate era la strega e la dea della notte. In età imperiale ad Antiochia le venne dedicato un tempio sotto il quale si apriva una grande cripta per la celebrazione dei riti[41].

---

[41]Scrive Leland: *Diana is known popularly to-day as the Queen of the Witches, but rather as Hecate, in a dark and terrible sense.* C. Leland, *Etruscan Roman Remains in Popular Tradition*, London 1892.

Martino di Bartolomeo la Prudenza, 1406, Duomo di Siena.

Nel famoso episodio del ratto di Persefone, Ecate è presente e la accompagna agli inferi, da quel momento la *regina Ecate-Diana divenne colei che precedeva e seguiva Persefone*: pertanto, è sia una guida che una protettrice. In tal modo, essa acquisisce una nuova caratterizzazione e il ruolo più ampio e generalizzato di traghettatrice delle anime dei defunti. Nel mito fu Ecate a sentire la richiesta di aiuto di Persefone, rapita da Ade, così da avvertire Demetra e riportarle la figlia dal regno dei morti

Ma quando infine giunse per la decima volta la fulgente aurora le venne incontro Ecate reggendo con la mano una torcia; e, desiderosa di informarla, le rivolse la parola, e disse: "Demetra veneranda, apportatrice di messi, dai magnifici doni, chi fra gli dei celesti o fra gli uomini mortali ha rapito Persefone, e ha gettato l'angoscia nel tuo cuore? Infatti, io ho udito le grida ma non ho visto con i miei occhi chi fosse il rapitore: ti ho detto tutto, in breve e sinceramente". Così dunque parlò Ecate; e non le rispose la figlia di Rea dalle belle chiome; invece, rapidamente, con lei mosse, stringendo nelle mani fiaccole ardenti...

Tutte le maghe, come Medea e Circe, la invocavano nella preparazione di filtri ed incantesimi. A lei era consacrata la Sibilla Cumana, che traeva da Ecate la capacità di dare responsi, provenienti anche dagli spiriti dei morti. In epoca più antica era raffigurata come una giovane donna vestita con chitone e recante fiaccole nelle mani, spesso vicina a Cerbero. Lo scultore Alkamenes, come racconta Pausania, fece la dea trimorfa, con tre corpi molto vicini tra di loro. Ecate fu la dea dei morti, degli inferi, intermediaria fra umano e divono, dea degli incroci, della luna.

Sull'origine di Ecate vi sono due tradizioni: secondo Esiodo deriva dai Titani, secondo una tradizione più tarda sarebbe figlia di Zeus e Hera. In un inno a lei dedicato, Esiodo dice che Zeus la favorì più di tutti gli altri dei, perché era l'intermediaria fra gli esseri immortali e quelli terrestri. A Roma, Ecate sarà chiamata *Trivia*: protettrice delle zone pericolose come il *trivium*, la zona di incontro di tre vie: e si ricordi che Siena era divisa in tre Terzi, Città, San Martino e Camollia. In epoca classica si credeva che i fantasmi vagassero senza posa come anime in pena in una sorta di Limbo, dopo una morte prematura o violenta. Si credeva inoltre che questi infestassero quei sepolcri e crocicchi che erano consacrati ed Ecate ed erano il teatro delle sue invocazioni. Nell'iconografia tradizionale, quindi, è rappresentata come figura luminosa dal triplice aspetto e dal triplice volto: umano nella sua forma terrestre, equino nella sua veste lunare e canino nel suo habitus infernale. Diventa anche la divinità che presiede alla nascita e alla morte venendo invocata – non a caso – in momenti astrologici di particolare pregnanza simbolica, come ad esempio il plenilunio. In questa circostanza ad Ecate venivano offerti dei banchetti rituali. Ecate è anche dea-strega e si accompagna a cani ululanti: questi demoni-cani sono paragonabili, quindi, ai fantasmi notturni che si credeva accompagnassero la dea durante le sue apparizioni e potevano portare l'uomo alla pazzia. La loro funzione era quella di esaudire le invocazioni e le maledizioni pronunciate dal mago nel corso delle cerimonie negromantiche, in cui non si mancava mai di pronunciare il nome di Ecate. Per chiedere l'aiuto di Ecate si ricorreva all'utilizzo di simboli, emblemi o mezzi magici, come la cosiddetta "trottola di Ecate", una sfera dorata costruita attorno a uno zaffiro e fatta girare tramite una cinghia di cuoio, con sopra dei caratteri incisi. Facendola girare l'operatore magico era solito operare delle invocazioni. Girandolo, produceva dei suoni particolari, imitando il verso di una bestia, ridendo o facendo piangere l'aria. In una grotta, Ericto tenta di rianimare un cadavere con l'invocazione di Ecate, che le permette di entrare in contatto col morto. La seguono i cani ctonii, divoratori di anime e malvagi, il lato più oscuro della Dea (Lucano, *Bellum civile*). Orazio descrive l'evocazione negromantica delle due streghe Sagana e Canidia, col sacrificio di un'agnella nera, e i cani infernali che ululano in lontananza (*Satire*, VIII). Anche Virgilio nomina i cani ululanti che accompagnano la Dea, e Apollonio di Rodi li descrive raucamente abbaianti, quando Ecate, con la chioma di orribili serpenti, emerge dalla terra. La loro funzione era esaudire invocazioni e maledizioni pronunciate durante le cerimonie, dedicate ad Ecate. Per i neoplatonici Ecate è una divinità oracolare, che si attiva attraverso simboli, emblemi o strumenti, come lo *iugx*, la "trottola di Ecate", descritta da Psello come "sfera dorata costruita attorno a uno zaffiro e fatta girare tramite una cinghia di cuoio, con sopra dei caratteri incisi." Questo strumento sferico, triangolare, o di altra forma, girando, produceva suoni particolari, come il verso di una bestia, ridendo o facendo piangere l'aria, ed era in grado di ispirare visioni profetiche. Ecate era dea lunare, oracolare e soprattutto maga. Nella basilica neopitagorica ritrovata a Roma, nella fossa dei sacrifici sono stati rinvenute ossa di cani e maiali, i doni che si facevano alla Dea Terra in veste ctonia.

Nell'iconografia, Ecate- Diana- Demetra è una e trina ma talvolta appare con un solo corpo e quattro braccia con cui porta una torcia accesa, due torce accese, un serpente, coltello, chiave, specchio, accompagnata da un cane, o da due cani. Nelle raffigurazioni in cui è trina, o Trivia, reca sul capo una fiamma, una luna, un berretto frigio con raggi. Ecate Diana è signora della soglia, guardiana di accessi e strade, protettrice dei percorsi, protettrice dei trivi, protettrice della prostituzione sacra. Ecate è la protettrice delle strade, degli incroci e dei passaggi, le sue statue e altari si trovavano davanti alle case o lungo le vie, come protezione per i viandanti. Il corteo che l'accompagnava era composto da spettri e cani ululanti: per tale ragione si usava mettere agli incroci delle strade offerte di cibo, per renderla benevola, in particolare l'ultimo giorno di ogni mese, a lei dedicato. Ecate rappresentava l'aspetto più misterioso della luna, quello nella fase calante, in relazione con le streghe e i riti magici. Protettrice dei cani, animali a lei consacrati, insieme alla colomba. Il centro più importante del culto era ad Egina, dove le venivano sacrificati cani e vittime dal pelo nero, come a tutte le altre divinità degli Inferi, ma era invocata anche per il buon raccolto. Nei riti orfici era venerata insieme a Demetra e a Artemide ed è raffigurata trimorfa, con tre corpi diversi, o con tre teste: la giovane, la madre e l'anziana. Il numero tre è il suo numero sacro. Le sue figlie erano chiamate Empuse, esseri mostruosi che potevano assumere diversi aspetti sia animali che umani. In ambito romano prevalse l'aspetto misterioso e magico: Ecate era la strega e la dea della notte come Diana lo era della luna.

In età imperiale ad Antiochia le venne dedicato un tempio sotto il quale si apriva una grande cripta per la celebrazione dei riti. Nel mito fu Ecate a sentire la richiesta di aiuto di Persefone, rapita da Ade, così da avvertire Demetra e riportarle la figlia dal regno dei morti. Sul lago Averno vi era un boschetto sacro a Ecate, lì si svolgevano i riti e il lago era ritenuto una delle entrate per l'oltretomba, dove si recava la gente per conoscere il futuro dagli spiriti dei morti. Nei Papiri magici si legge

Accostati a me, divina signora Selene dai tre volti regina che porti la luce a noi mortali tu che chiami dalla notte faccia di toro amante della solitudine dea dei crocicchi Sii pietosa con me che t'invoco ascolta gentile le mie preghiere tu che regni di notte sovra il mondo intero.

Ecate Chiaramonti, Musei Vaticani, Galleria Chiaramonti, Roma.

Il simbolo massonico del pavimento a mosaico (*tessellated pavement*) è fra quelli che spesso vengono intesi in modo inadeguato o mal interpretati; tale pavimento è formato da piastrelle -alternativamente bianche e nere, disposte esattamente allo stesso modo delle caselle della scacchiera. Aggiungeremo subito che il simbolismo è evidentemente lo stesso nei due casi, poiché, in origine i giochi sono tutt'altro che semplici divertimenti profani quali sono divenuti oggi, e d'altronde il gioco degli scacchi è certo uno fra quelli in cui le tracce del carattere *sacro* originario sono rimaste più visibili malgrado il processo di degenerazione.
Nel senso più immediato, la giustapposizione del bianco e del nero rappresenta naturalmente la luce e le tenebre, il giorno e la notte, e quindi tutte le coppie di opposti o di complementari (è quasi inutile ricordare che quel che si trova in opposizione a un certo livello diventa complementare a un altro livello, di modo che gli si può applicare lo stesso simbolismo), si ha quindi, a tale riguardo, un esatto equivalente del simbolo estremo-orientale dello yin-yang. Si può anche osservare che l'interpenetrazione e l'inseparabilità dei due aspetti yin e yang, che vengono rappresentate dal fatto che le due metà della loro figura sono delimitate da una linea sinuosa, vengono rappresentate anche dalla disposizione a incastro dei due tipi di piastrelle, mentre una diversa disposizione, come ad esempio quella di strisce rettilinee alternativamente bianche e nere, non renderebbe altrettanto chiaramente la stessa idea e potrebbe anche far pensare piuttosto a una giustapposizione pura e semplice. Anche quest'ultima disposizione è stata tuttavia usata in certi casi; è noto che la si trovava tra l'altro nel *Beaucéant* - la Balzana!- dei Templari, il cui significato è ancora una volta lo stesso.
La città di Siena ha da sempre rivestito un ruolo importante per i Cavalieri Templari. Le città toscana, infatti, è attraversata in pieno dal tracciato dell'antica Via Francigena, il percorso che guidava i pellegrini in uno dei luoghi più santi della

cristianità: il sepolcro dell'apostolo Pietro, a Roma. Oggi l'antico tracciato di questa importante via di traffico si snoda dalla Porta di Camollia ed attraversa il centro del paese, adagiandosi sulle strade oggi denominate Via dei Montanini e Via Banchi di Sopra. In prossimità del confine, poco entro le mura di cinta, sorgeva la Mansione Templare senese, comprendente la Chiesa di San Pietro, ancora oggi aperta e visitabile. Ma numerose altre testimonianze rivelano a Siena la presenza templare, nonché quella dei Cavalieri di Malta che ne ereditarono i beni Tornando ai Cavalieri Templari, la loro *Mansio* (Magione) si trovava all'interno della Sovrana Contrada dell'Istrice, nell'odierna via Camollia. Oggi San Pietro alla Magione è chiesa parrocchiale dell'Istrice; questo legame è ricordato nell'emblema della Contrada con la presenza di una piccola Croce delle Beatitudini d'argento in campo rosso, nella fascia superiore, concessa dall'Ordine di Malta alla Sovrana Contrada dell'Istrice, nella cui giurisdizione cadeva la Compagnia Militare della *Mansio Templi*. Fu ancora il Sovrano Ordine Militare di Malta a concedere oltre alla croce l'appellativo di *Sovrana* alla Contrada.

Prima che la Chiesa della Magione passasse ai beni dell'Ordine dei Cavalieri di San Giovanni, questi possedevano in Siena un'altra chiesa, situata dalla parte opposta della città, presso Porta Romana. Si tratta della Chiesa di San Lorenzo e si trova in Via di Val di Montone, nella contrada omonima. La sua costruzione risale al 1173. Alla soppressione dell'Ordine di Malta, la chiesa venne affidata al demanio, che la vendette ad un nobile, Celso Bargagli. Nel 1818, per intercessione dell'arcivescovo Anton Felice Zondadari, discendente del Gran Maestro fra' Marc'Antonio Zondadari (1720- 1722), la chiesa venne donata alla Contrada. Oggi la chiesa è sconsacrata ed ospita un piccolo museo della Contrada di Valdimontone.

Templari in battaglia, affresco nella chiesa di S. Bevignate a Perugia, XIII secolo; il cavaliere sulla destra innalza il Beaucent, lo stendardo templare, identico alla Balzana senese. Si noti anche lo scudo bianco e nero dell'altro cavaliere.

Il Vessillifero del Comune di Siena con la Balzana durante il corteo storico.

Il Carroccio con il palio dipinto da Mario Ceroli (16 agosto 2008).

Lo stesso è nei due Palii: la Balzana è dovunque presente come insegna del Comune e come segno del tutto, *reductio ad unum* della concordia discorde, della faziosa armonia delle Contrade che nei loro colori individuali, sotto le loro bandiere, si dividono e si oppongono, si distinguono e si scontrano. Ma nella Balzana si ritrovano e si riuniscono come i senesi fuori di Siena o contro il resto del mondo-. I marmi ossessivamente bianchi e neri del Duomo, per alcuni segno della gloria e del dolore della Madonna, lo rendono una "Sacra Balzana" esso stesso, appropriato scenario per l'offerta dei ceri, la benedizione del Palio, il *Te Deum* della vittoria, insomma per tutti i momenti più alti e tumultuosi di una religiosità popolare arcaica nelle sue forme, di fortissimi caratteri precristiani, ma sentita come parte sempre attuale e indispensabile dei riti palieschi.

Proprio al sagrato del Duomo bianco e nero dal 1200 fu posta l'insegna del Comune a segnare l'arrivo della corsa dei barberi, il Palio *alla lunga* che nei secoli precedenti si era corso per le vie tortuose della città fino al Duomo vecchio, dedicato a San Bonifazio, come attestano documenti del XII secolo.

A fianco del Duomo si ergono alcune grandiose arcate in marmo bianco e nero. Sono quelle del Duomo Nuovo, la cui storia si intreccia a quella legata al tabernacolo detto della *Madonna del Corvo*, un'immagine sacra che nella versione attuale risale al Sodoma, posto tra via Stalloreggi e via di Castelvecchio, a poca distanza dal Duomo.

In una dolce sera di primavera del 1348, quando Siena aveva raggiunto il culmine del proprio sviluppo artistico ed economico, e la città era al massimo dello splendore, un corvo che svolazzava a fatica planò, sbattè contro il muro all'angolo delle due vie e cadde morto. Senza farci troppo caso un artigiano, chi dice un sarto, chi dice un calzolaio, che aveva la bottega proprio in quel punto, raccolse la carcassa del corvo e la gettò via. Pochi giorni dopo l'uomo venne colto da febbri altissime e nausea; sul suo corpo spuntarono *lividi e sozzi bubboni*.

Era l'inizio della peste nera, una delle peggiori epidemie ricordate dalla storia d'Italia: su dieci senesi non più di tre sopravvissero.

La Madonna del Corvo.

Il senese Agnolo di Tura, uno dei grandi cronisti italiani del XIV secolo, senese di nascita, descrive la *grande mortalità, la maggiore e la più oscura, la più horribile* che si abbatté sulla città:

E non sonavano Campane, e non si piangeva persona, fusse di che danno si volesse, che quasi ogni persona aspettava la morte; e per sì fatto modo andava la cosa, che la gente non credeva, che nissuno ne rimanesse, e molti huomini credevano, e dicevano: questo è fine Mondo.

Il cronista quantificò in circa ottantamila persone le vittime del contagio nella città. Morirono anche Pietro e Ambrogio Lorenzetti.
Siena, da splendida capitale delle arti e del commercio, fu ridotta ad un regno della morte e del silenzio, e solo dopo lunghi decenni ritornò ad una potenza e ricchezza notevoli, senza però ritornare ai livelli del passato.
A fianco del Duomo a rammentare la caducità delle umane vicende restano oggi le colossali arcate del Duomo Nuovo, ciò che rimane del progetto della più grande cattedrale della cristianità, che avrebbe dovuto superare anche la basilica di san Pietro a Roma, destinata ad essere l'emblema della grandezza di Siena, di cui il Duomo vecchio sarebbe stato solo il transetto. La peste del 1348- e pare qualche errore di calcolo- bloccarono per la grande opera all'improvviso, lasciandone come frammenti le gigantesche arcate ancora visibili, definite *opera di titani, all'apparenza, più che di esseri umani*[42].

La ruota della Fortuna, Duomo di Siena.

---

[42] *Guida all'Italia leggendaria*, cit., pp. 121 e 128.

Tavoletta di Biccherna del 1482 raffigurante l'Offerta delle chiavi della città di Siena alla Madonna

5

Il manto dell'Assunta: la Vergine e le Contrade.

Quando Siena divenne una delle più ricche città dell'Europa del Medioevo, il Palio fu l'evento ludico e il momento culminante e conclusivo delle splendide feste annuali in onore di Nostra Donna d'Agosto, Maria Vergine Assunta regina e patrona di Siena e del suo Stato; ed è noto che probabilmente il duomo è sorto sull'acropoli della città antica, Castelvecchio, su un tempio dedicato forse a Artumne/ Diana, o secondo altre fonti, a Minerva.
A lei la città si sarebbe consacrata e raccomandata, offrendole le chiavi della città, in tutti i momenti estremi della sua storia, dalla vigilia della battaglia di Montaperti nel 1260 fino a quella del passaggio del fronte nel 1944.
La Lega Guelfa, con a capo Firenze, nell'estate del 1260 mosse contro Siena con un poderoso esercito di 30 mila fanti e 3 mila cavalieri. Siena e gli alleati ghibellini erano molto inferiori di numero con circa 18.000 fanti e 1.800 cavalieri in buona parte tedeschi, inviati da Manfredi di Hohenstaufen, ma contavano su una determinazione e un'abilità guerresca non comune, grazie alla guida di condottieri quali provenzan salvani e soprattutto Farinata degli Uberti.
Il 4 settembre 1260 si tenne nei campi di Montaperti la battaglia che terminò con

lo strazio e 'l grande scempio
che fece l'Arbia colorata in rosso[43].

Alla vigilia della battaglia il vescovo Tommaso e il magistrato Buonaguida Lucari avevano dedicato la città alla Vergine, offrendole le chiavi della città e registrando il tutto con atto notarile:

Oggi, 2 settembre 1260, io, Buonaguida Lucari, Magistrato di Siena, e Messer lo Vescovo Tommaso uscimmo in processione con il popolo onde sollecitare la protezione di Maria su Siena, per la battaglia contro il fiorentino. Dopo aver proceduto per la città in camicia e scalzo e senza niente in capo, giunsi al Duomo, e lì mi rivolsi al popolo:
"Signori miei Sanesi... noi ci siamo raccomandati a la santa corona di re Manfredi; ora a me pare che, noi siamo in verità, in avere e in persona, la città e 'l contado, a la Reina di vita eterna, cioè a la nostra Madre Vergine Maria [...] Vergine Maria, aiutateci al nostro grande bisogno, e liberateci da le mani di questi lioni e di questi superbissimi uomini, che ci vogliono divorare".
Dopodiché entrammo, percorremmo la navata, cantando Lodi all'Altissimo, fino all'altar

---

[43] Dante, Inferno, X ,85-86

maggiore, ove splendea la Madonna dagl'occhi grossi. A Lei osai dire:
"Vergine graziosa Regina del Cielo, Madre de' peccatori, io misero peccatore ti dò, e dono, e raccomando questa Città, e lo Contado di Sien , e voi prego Madre del Cielo, che vi piaccia d'accettarla , benche a la Vostra grande potenzia fia piccolo dono: e simile prego che la nostra Città guardiate, liberiate, e difendiate dale mani de nostri nemici Fiorentini, e da chi la volesse oppressare o in mettere in ruina...".
Dopodiché posi le chiavi della città sull'altare del Duomo. Volli un notaio a scrivere questo, a memoria dei posteri.
Io non udii la risposta di Maria Vergine ... e neppur Messer lo Vescovo ... ma so che domani vinceremo il fiorentino e che la mano di Maria si stenderà benigna su Siena per secoli e millenni.

Buonaguida Lucari

Maestro di Tressa Madonna dagl'occhi grossi, 1250.

I Senesi, forti dell'appoggio dei fuorusciti ghibellini fiorentini (fra cui Farinata degli Uberti) e delle altre città in mano alla Lega Guelfa, nonché del contingente di cavalieri tedeschi del re Manfredi, e sostenuti dai 18 mila fiorini d'oro prestati dal banchiere Salimbeni per pagare i cavalieri tedeschi, uscirono dalle porte della città a dar battaglia.

Sul Poggio delle Repole, parzialmente nascosti alla vista del campo guelfo, fecero sfilare - così cita la leggenda – per ben tre volte l'intero esercito davanti alla vista dei nemici facendo indossare ad ogni tornata all'intero esercito le casacche con i colori di uno dei *terzi* di Siena con la speranza di dar l'impressione che ogni *terzo* fosse composto da tanti uomini quanto in realtà era l'intero esercito e impressionare i comandanti guelfi. La mattina del 4 settembre 1260 le truppe ghibelline, dopo l'allocuzione del comandante, il conte Aldobrandino degli Aldobrandeschi, attaccarono l'esercito guelfo. La battaglia durava già da parecchie ore e i ghibellini, a dispetto di numerosi atti di valore, iniziavano a perdere terreno a causa del soverchiante numero dei nemici, quando scattò un piano evidentemente preparato nei minimi particolari: davanti a un modesto contrattacco senese guidato dal conte di Arras al grido di *San Giorgio!*, il fiorentino Bocca di Raniero di Rustico degli Abati che, anche se dietro le schiere guelfe, era di credo ghibellino, con un deciso colpo di spada, tagliò la mano al vessillifero Jacopo del Nacca dei Pazzi che portava lo stendardo della cavalleria fiorentina, facendolo volare a terra.

Di lui scriverà con disprezzo Dante, che lo colloca tra i traditori:

Allor lo presi per la cuticagna
e dissi: «El converrà che tu ti nomi,
o che capel qui sù non ti rimagna».
   Ond'elli a me: «Perché tu mi dischiomi,
né ti dirò ch'io sia, né mosterrolti,
se mille fiate in sul capo mi tomi».
   Io avea già i capelli in mano avvolti,
e tratti glien'avea più d'una ciocca,
latrando lui con li occhi in giù raccolti,
   quando un altro gridò: «Che hai tu, Bocca?,
non ti basta sonar con le mascelle,
se tu non latri? qual diavol ti tocca?».
   «Omai», diss'io, «non vo' che più favelle,
malvagio traditor; ch'a la tua onta
io porterò di te vere novelle»[44].

Al tempo gli stendardi erano di basilare importanza sia per indicare ai militari dove era il loro comandante sia per distinguere tra alleati e nemici spesso vestiti con gli stessi colori, ciò che ne spiega l'importanza anche oggi nel palio.

Col cadere dello stendardo comunale le truppe fiorentine persero il loro fondamen-

---

[44] *Inf.*, XXII, 97-110.

tale punto di riferimento e vennero prese dal panico perchè non seppero più dove dirigere il loro attacco. In questo scompiglio generale, centinaia di ghibellini fiorentini, inquadrati tra le fila guelfe, ne approfittarono per scagliarsi contro i loro stessi concittadini di opposta fazione. Allo stesso tempo l'esercito senese, anche se esausto e decimato, mosse con inaudita determinazione contro l'*oppressore*, conquistando una schiacciante e sanguinaria vittoria. I cavalieri senesi caricarono con disperato eroismo l'*oste* guelfo. Fra questi vi erano Giovanni degli Urgugieri, che morì in battaglia, Provenzano Salvani, Jacopo del Tondo, Andrea Beccarini, Niccolò da Bigozzi, Giovanni Guastelloni, alfiere del *Terzo* di San Martino, oltre al conte Aldobrandino degli Aldobrandeschi.

L'epilogo della battaglia vide feroci combattimenti intorno al carroccio fiorentino, dove il contingente lucchese capitanato da Niccolò Garzoni si difese fino all'ultimo sangue.

La morte del comandante generale dei fiorentini, Iacopino Rangoni da Modena, segnò l'inizio della rotta dei guelfi che iniziarono a fuggire in varie direzioni inseguiti dai ghibellini decisi a massacrare ogni guelfo, massacro che proseguì fino al calar delle tenebre, momento in cui i comandanti ghibellini dettero l'ordine di risparmiare la vita a coloro che si fossero arresi, tranne che ai fiorentini, che per salvarsi si strapparono le insegne, cercando di confondersi tra i prigionieri degli altri contingenti.

La battaglia di Montaperti, miniatura di Pacino da Bonaguida, XIV secolo.

Il campo guelfo fu messo al sacco: furono catturati 9000 cavalli e 9000 tra buoi ed animali da soma; furono prese bandiere e stendardi, tra le quali il gonfalone di Firenze che fu attaccato alla coda di un asino e trascinato nella polvere. Le perdite dei guelfi furono di circa 10.000 morti e circa 15.000 i prigionieri di cui rispettivamente 2500 e 1500 fiorentini. I ghibellini persero 600 uomini con 400 feriti. In città i festeggiamenti durarono per giorni e furono fatti sfilare tutti i prigionieri catturati nel corso della battaglia. Un cronista dell'apoca annotò:

Ed entrati che furono nella città di Siena, [...] tutta questa vittoriosa procissione, e onorata da Dio e da le genti, se n'andarono a la chiesa maggiore di Siena, cioè al duomo, a ringraziare l'onnipotente e giusto e misericordioso e benigno Iddio, il quale retribuisce a ciascuno secondo l'opere sue, e quella benedetta e divina reina del Cielo, dolcissima Vergine Maria, la quale non abbandona chiunque ricorre divotamente a lei per la sua misericordia; e poi ognuno si ritornò a le sue stanze, e ognuno guarda li so' prigioni

La vittoria di Montaperti segnò l'apice della potenza militare di Siena e per qualche anno fece pendere l'ago della bilancia della politica italiana a favore dei ghibellini. Per la festa dell'Assunta Siena diveniva "città aperta". Le catture venivano sospese, i fuorusciti potevano tornare e andar franchi per la città, merci e bestiame giungevano in gran copia per il grande mercato, le strade si animavano di musici e giullari, mimi e buffoni che intrattenevano la folla; saltimbanchi e forzaioli, cavadenti e guaritori, treccole e baldracche, osti e mercanti offrivano le loro merci e i loro servigi. La città esponeva arazzi e bandiere, addobbi, ammaj e ghirlande: nel 1329 il Comune ne fece intrecciare 600.
Celebrazione non soltanto religiosa, ma anche politica, tendente ad esaltare la potenza della repubblica, come sottoline Aurora Savelli:

La celebrazione ha una valenza religiosa e al contempo politica, poiché rappresenta e sacralizza la supremazia che la città esercita sul suo territorio, creando intorno al rito dell'offerta l'unione simbolica della civitas. Un rito, e' bene rilevarlo, che gia' da tempo doveva essersi codificato: un documento del 1124 ricorda come un prete, Pietro da Montegerlone, si fosse recato in occasione dell'Assunzione «ad domum Senensem cum decima»; l'atto di sottomissione del castello di Montepescali, del 1147, fa riferimento all'offerta di ceri sull'altare di Santa Maria. Alla fine del XII secolo si puo' ritenere insomma ormai generalizzato, da parte di castelli e ville assoggettati dalla Repubblica, recare in tributo ceri alla Dominante nel giorno dell'Assunta. L'entita' dell'offerta – qualita' e quantita' dei ceri – veniva stabilita nei patti di sottomissione, e variava da luogo a luogo. Difficile dire cosa esattamente accadesse, in quello scorcio di anni, il giorno della festivita', di quali elementi e segmenti rituali si componesse la celebrazione. La tradizione dell'offerta viene regolamentata nel tardo Duecento, quando appare scandita in due precisi momenti: la grande processione che coinvolgeva tutti i cittadini ordinati per parrocchia, e l'offerta vera e propria. All'inizio del Trecento a questa sintassi rituale si aggiunge un terzo elemento: la corsa del palio, che si svolge lungo le strade cittadine e coinvolge proprietari di cavalli anche non senesi, viene a concludere le celebrazioni politico-religiose. Si tratta, come emerge dagli studi, di una tipologia di solennizzazione del santo patrono diffusa – basti pensare alla vicina Firenze – e legata intimamente al potere che la città esercitava sul suo contado. Non è certo un caso che permanga a Siena anche dopo la caduta della Repubblica, a conferma del persistere di una supremazia della città sul suo contado anche dopo l'inserimento nello Stato mediceo (come è ben noto, dopo il duro assedio del 1555, per un breve periodo Siena e il suo territorio vengono annessi all'Impero; sono quindi ceduti, il 3 luglio 1557, al duca di Firenze Cosimo Medici a titolo di investitura feudale). Ancora nel secondo Settecento, un viaggiatore che si trovasse a Siena il giorno dell'Assunta poteva parlarne come del giorno più grandioso di tutto l'anno. Al mattino c'è musica in duomo. Il Governatore offre un gran banchetto di gala al quale vengono invitati i forestieri del momento. Nel pomeriggio si svolge il palio alla lunga, una corsa di cavalli senza fantino, in tutto simile a quella di Firenze. Dunque monopatronalismo di lungo periodo, culto civico strettamente interconnesso al potere e al particolarismo giuridico della Città-Stato; non senza qualche resistenza la consuetudine di questo palio in onore dell'Assunta si spense nella cornice del nuovo Stato unitario[45].

Nel 1378 si spese per fare i fuochi artificiali, che per l'epoca rappresentarono una meraviglia.

Il momento culminante delle feste era la cerimonia già citata +dell'offerta dei ceri e dei censi in Cattedrale, rito insieme religioso e politico, atto di devozione alla Madonna dei Senesi e di sudditanza ai suoi vicari in terra, i reggitori del Comune di Siena. Questo collettivo giuramento di fedeltà aveva un suo preciso rituale: una pergamena del 1220 ne dà la descrizione, riferendo un capitolo di uno statuto ancora più antico andato perduto. La quantità di censo in cera fina da offrire variava con l'importanza di chi faceva l'offerta, ma a presentarla erano tenuti e obbligati tutti i cittadini (tra i 18 e i 70 anni) e le istituzioni di Siena e del suo Stato, primo di tutti il Comune che come oggi offriva un cero fogliato e istoriato, ossia dipinto. Negli anni di maggior splendore i senesi che gremivano la Cattedrale avrebbero visto genuflettersi davanti alla loro Madonna del voto (e ai loro governanti che le stavano a lato) i loro nemici di ieri e di oggi concittadini: i conti della Scialenga e quelli della Gherardesca, i saggi Aldobrandeschi e i Guidi, leggendari guerrieri. E la cera che gli operai del Duomo ammassavano sotto la cupola avrebbe raggiunto il peso di trentamila libbre, poi ridistribuite a tutte le pievi e parrocchie del vescovado, a rappresentare il paradigma antico del dono rituale con i suoi obblighi simbolici del dare, del ricevere e del ricambiare.

Analogo era il ruolo del Comune negli aspetti profani della festa. Dalle *stinche* si liberavano prigionieri estratti a sorte, come estratti a sorte erano i nomi delle fan-

---

[45] A. Savelli, "Siena, questa figlia prediletta di Maria'. Episodi e forme del culto mariano a Siena in età moderna", *Rivista di storia e letteratura religiosa*, XLIX, n.3, 2013, pp. 645 segg.

ciulle virtuose e bisognose che venivano dotate *a spese del pubblico*.
Pubbliche riconciliazioni tra fazioni e famiglie alleviavano le faide cittadine, anche se non sempre con successo, come si vede nella leggenda- che probabilmente leggenda non è- del colle di Malamerenda. La vicenda non si svolge nei giorni dell'Assunta, ma da' una chiara idea della lotta tra fazioni nella Siena bassomedievale.
Nel XIV secolo le famiglie Salimbeni e Tolomei, estenuate dal conflitto tra le due casate, una guelfa e una ghibellina, spinte dal Comune pensarono di poter siglare una tregua definitiva. Così aveva architettato la casata Salimbeni, che il giorno di S. Angelo del 1337 invitò i Tolomei a riappacificarsi, ed a consumare una merenda organizzata dalla Compagnia del Bruco su un colle poco distante dalla città. I commensali sarebbero stati 18 per ogni casata e la pietanza alla base del sontuoso banchetto sarebbe stato arrosto di tordo, un piccolo uccello molto prelibato ed assai raro da cacciare in quella stagione. Tutto andò per il meglio, fino a quando fu portato in tavola il vassoio con i tordi: i Tolomei si accorsero subito che i tordi non sarebbero bastati per tutti i commensali: c'erano solo 18 uccellini a fronte di 36 commensali. Sarebbe stato fondamentale aggiudicarsi velocemente un tordo o tutti i commensali avrebbero dovuto dividerlo col vicino seduto al proprio fianco, guardacaso proprio un Salimbeni. Appena il vecchio Salimbeni gridò *A ognuno il suo!* come se volesse dare inizio al pranzo, ogni Tolomei si affrettò ad infilzare un tordo mentre tutti i Salimbeni sfoderarono il coltello ed uccisero il vicino di posto, svelando così il vero fine di questo invito a tavola. Sempre secondo la leggenda, i Tolomei trucidati sarebbero stati sepolti nel sottoscala del Chiostro della Basilica di San Francesco, come testimonierebbero i 18 stemmi della casata Tolomei scolpiti nella scalinata. Tornando al Palio, Si provvedevano cibi e bevande per tutti. Nell'atto di sottomissione di Montelaterone (1205) il Comune si impegna a fornire il vitto a chi porterà a Siena il tributo di cera fina. E' questa la prima testimonianza di un costume che sarebbe continuato nel banchetto offerto dalla Signoria e ai nostri giorni nelle grandi e popolari cene della vigilia imbandite per la città a migliaia di commensali. In un'età storica che viveva, anche nelle città più splendide come fu Siena, la "cultura della fame", la festa fu anche libertà dalle strette misure quotidiane del pane e del vino. La città reperiva, offriva e ostentava cibo e bevande per tutti, vini e carni, confetti e morselletti, biricuocoli e biancomangiari. Per l'organizzazione del Palio, il Comune nominava annualmente i Deputati della Festa, menzionati regolarmente nei documenti del Trecento, con compiti e attribuzioni assai più ampi degli attuali. A correre il Palio, come nel mondo etrusco e romano avveniva con il *lusum Troiae*, dapprima erano i nobili e i notabili sui loro cavalli da battaglia, perchè i giochi rituali medioevali furono battaglie simulate e addestramento per la guerra. Si correva alla lunga, cioè in linea su un percorso che andava da fuori le mura al Duomo, dall'esterno all'interno, dai prati del suburbio sul tufo delle strade interrate, fangose e sconnesse come Pantaneto, fino ai marmi del Duomo, dalla

campagna alla città. Il premio era un *Pallium*, una lunga pezza di stoffa preziosa, talvolta cucito a bande verticali e foderato da centinaia di pelli di vaio, la pelliccia dei cavalieri, fatto per essere indossato.

Nell'antichità e nel Medioevo il *pallium* è spesso simbolo di grande dignità e venne adottato, nelle sue forme più tipiche, solo dai nobili; l'investitura delle maggiori cariche si effettuò per molto tempo con il dono del *pallium*, come avviene tuttora per i vescovi cattolici[46]. Il mantello serviva da distinzione per i diversi ordini cavallereschi e per i gradi dei feudatarî, o per la sua ampiezza, o per la qualità delle stoffe o delle pellicce, con l'ermellino riservato ai principi ed il vaio ai cavalieri, o per la lunghezza dello strascico. Il *pallium* semicircolare fu fin dall'XI sec. comune agli uomini e alle donne delle classi nobili.

Il *pallium* avrebbe dato il nome alla corsa e poi alla festa intera, fatto linguistico che sottolinea una stretta unità di segni e contesti, di simboli e cerimonie, di significanti e significati. La corsa fu all'inizio sensazionale e drammatica, ricca di eventi e di incidenti. Il più antico documento sul Palio è del 1238 e tratta di giustizia paliesca. Fissa a 40 soldi la pena pecuniaria inflitta a Ristoro di Bruno Ciguarde perchè

Quia cum currisset palium in festa Sante Marie de Augusto, et fuisset novissimus, non accepit suine sicut statutum est pro novissimo.

Ossia perchè correndo il Palio ed essendo giunto ultimo non aveva preso il porco, il premio derisorio che per regolamento veniva assegnato al perdente più perdente di tutti (allora l'ultimo, oggi il secondo arrivato). Tale "purga" era obbligatoria, per meglio definire vittoria e sconfitta (anche allora il Palio stabiliva classifiche e gerarchie tra vincitori e vinti, dettando perentoriamente il simbolico ordine dell'*homo ludens*. Un altro impagabile segno dei tempi lo si trova in un disposto del Costituto del 1262, nel quale si decreta che coloro *qui current eques*, i partecipanti al Palio, i nobili fantini dell'epoca, non siano perseguibili per omicidi e ferimenti riconducibili alla carriera, purchè *predicta maleficia non committerint studiose*, ossia purchè non lo abbiano fatto apposta. Anche allora, ai fantini si chiedeva prima di tutto la rappresentazione teatrale dell'onestà. Ma questi primi *Palii* furono affare di nobili. Le Contrade parteciparono, invece, ai giochi violenti e destinati all'addestramento al combattimento, come le lotte di pugni, in cui grandi masse di contendenti si opponevano su base territoriale (per esempio Terzo di Città contro Camollia e San Martino):

La divisione più confacente alla sua configurazione topografica si fu in Terzi, mentre la Città si estende in tre raggi, il di cui punto di partenza è al luogo detto la Croce del Travaglio, e così quello che si dirige alla porta S. Marco per andare nelle Maremme Senesi fu detto

---

[46] I pallii di lana d'agnello destinati ai vescovi vengono benedetti dal papa ogni 29 giugno e conservati nella Cripta dei pallii sotto l'Altare papale della Basilica di San Pietro.

Terzo di Città; l'altro che si spinge alla porta Ro mana fu detto Terzo di S. Martino, e l' ultimo fu detto Terzo di Camollia, che é quel raggio che conduce alla porta di questo nome sulla direzione di Firenze[47].

. Siena, infatti, era sorta su tre colli. I tre castelli primevi si allargarono in *Terzi* (Città, Camollia, San Martino) e crebbero fino a incontrarsi e quasi dettare l'ubicazione del *Campus Fori*; l'attuale Piazza del Campo.

Stemmi dei Terzi di Città, di Camollia, di San Martino.

Ancora Buonsignori scrive al proposito:

I Senesi ebbero una tendenza particolare al festeggiare. Essi predilessero sempre i pubblici spettaceli: primieramente fecero pla uso alla caccia dei tori, quindi alle corse delle bufale che si ese guivano nella piazza del Campo, così chiamata anche da Dante. Questo spettacolo fa poi convertito nella Corsa dei Fantini a cui intervennero le Contrade. Uno spettacolo di altro genere, ch' ereditarono sicuramente dai costumi dei Romani, i Senesi rappresentarono, vogliam dire la lotta dei pugni, o pugillato. Esso serviva a sviluppare il coraggio personale, nessun altro vantaggio racchiudeva. Il campo era diviso fra Bianchi e Rossi, né sappiamo indicare da qual causa nascesse una tal divisione. La così detta pallonata che si eseguiva pure nella piazza del Campo, era tal giostra, che spesso per la ostinazione delle parti si convertiva in una vera battaglia combattuta colle armi della natura; crediamo superfluo il trattenerci più a lungo con dettagliate particolarità[48].

Già dall' XI secolo, la popolazione aveva l'abitudine di adunarsi presso le chiese e le cappelle cittadine per trattare gli argomenti di interesse comune; questa abitudine, che riuniva gli abitanti dei vari rioni determinò le formazioni di circoscrizioni con funzioni anche politiche. Queste circoscrizioni presero il nome di Contrade, assu-

---

[47] Buonsignori, *Storia della Repubblica di Siena*, cit., p. 23
[48] Ibid., pp. 23-24.

mendo la loro denominazione specifica da quella di una via principale, di una chiesa ivi comprese o da quella di una famiglia che in esse possedevano il complesso più importante di case e palazzi. La Contrada comprendeva tutti gli abitanti di essa, rispondeva del pagamento delle imposte, attendeva alla polizia urbana, al mantenimento delle vie, rappresentando un organo subordinato al Comune. Vi erano poi le Compagnie militari, un corpo militare comprendente in ogni Contrada tutti gli uomini dai 18 ai 70 anni, le quali avevano l'obbligo di presidiare le mura e le porte. Sicché la Contrada era ed è tuttora un organismo territoriale con: una propria personalità giuridica, competenze amministrative e capacità di possedere immobili e di regolare le norme di vita comune della popolazione compresa nei suoi confini. La Compagnia invece non rappresentava che una sezione della generale organizzazione militare del Comune, senza capacità giuridica, né facoltà di deliberazione. Dunque le Contrade attuali sembrerebbero veramente la continuazione delle antiche, di cui conservano quasi immutata la Costituzione, pur avendo perduto gran parte delle originarie attribuzioni. Le Compagnie sono ora rappresentate dalle "Comparse", le quali rivestono solo una funzione limitata alle manifestazioni del Palio e di rappresentanza. La più antica memoria d'archivio delle Contrade è nel regolamento del 1200, dove si prescrive che tutti i cittadini rechino il cero in Cattedrale cum hominibus sue contrate. Il cronista Andrea Dei afferma che i Senesi *cominciarono a fare le compagnie per la città delle Contrade* nel 1209. Contrada significò dapprima *strada principale abitata* poi *rione* e infine anche *associazione fra i suoi abitanti*. William Heywood, importante storico del Palio, aggiunge *per gli ultimi quattrocento anni le Contrade sono state caratteristica distintiva della vita senese della quale non si trova l'uguale in nessun'altra città italiana*. Le Contrade furono assai più numerose delle attuali diciassette. Dopo la peste del 1348, il loro numero si ridusse a 42.
Presero i loro nomi da strade, porte o fonti, chiese o da illustri famiglie residenti nel loro territorio. Ebbero funzioni devozionali, amministrative, militari e ricreative. Capo della Contrada era un Sindaco, che rispondeva direttamente al Podestà, coadiuvato da consiglieri eletti dal popolo. La Contrada era soggetto di imposte, fungeva da polizia urbana, provvedeva al mantenimento delle vie ed espletava altre funzioni e servizi di pubblica utilità. l'origine dei simboli delle contrade di Siena è avvolta nel mistero. Secondo una teoria alcuni di essi potrebbero essere stati tratti da una simbologia che abbinava ai pianeti o ai segni dello zodiaco, animali e figure (usate in araldica) come nel *Libro della ventura* di Lorenzo Gualtieri, figure ed animali che, pertanto, sarebbero stati scelti in base al loro "capacità" di attrarre la fortuna: Stella [*S. Polaris*] poi Liocorno, Drago [*Draco*], Leone [*Leo*]- oggi non più esistente, inglobata nell'Istrice- Torre [*Elephas*], Pantera [*Panthera*], Aquila [*Aquila*], Giraffa [*Camelopardalis*[49]], Tartuca [*Testudo*], Delfino [*Delphinus*], poi Onda, Valdi-

---

[49] *Stemma d'argento alla giraffa tenuta per una corda da un moro vestito alla turca*; analogamente alla costellazione *Camelopardalis* è associato *Custos*, il Custode, il che difficilmente può essere casuale. Malgrado *Camelopardalis* sia stata introdotta nel 1612 da Petrus Plancius, essa era già nota agli astro-

montone [*Aries*], Oca [*Ansere*], Orso [*Arcturus*] e forse Vipera [*Serpens*], anch'esse contrade soppresse, sono tutte costellazioni ; altri potrebbero essere derivati dai simboli delle antiche "compagnie", reparti armati posti a difesa delle porte della città prima del XV secolo; altri infine (ad es. Istrice, o Chiocciola) sarebbero dei richiami a "macchine da guerra allegoriche" che venivano usate per fingere delle battaglie sul Campo, e a Carri allegorici, (già utilizzati a partire dal 1499 nelle Cacce ai Tori come protezione dai tori, che costituivano, data la loro monumentalità il punto culminante di tutto il Corteo: i Carri erano ad ogni occasione diversi, collegati ad episodi storici, alla geografia, alla mitologia, abbinati ai simboli delle rispettive Contrade e *illustrati* per il pubblico da *cartellanti* ; l'Oca, simboleggiante il valore guerriero dei contradaioli è forse lo stesso uccello che compare sugli scudi dei cavialieri etruschi del vaso della Tragliatella[50]. Esistono ancora altre teorie, ognuna più o meno probabile di un'altra per spiegare l'origine di queste figure delle quali solo alcune rappresentano simboli esistenti in araldica mentre ve ne sono altri ad essa del tutto sconosciuti.

Un'ultima parola sui premi. Dai processi verbali dei palii corsi dal 1692, conservati nell'Archivio Comunale, si apprende che inizialmente il premio per la contrada che risultava vincitrice consisteva in un oggetto di argento (un bacile o una guantiera) e che spesso veniva offerto alla chiesa in cui questa si adunava. Talvolta questo oggetto veniva consegnato unitamente ad una stoffa pregiata riccamente guarnita con pelli e ricami, e doveva essere riconsegnato dopo averlo mostrato durante i festeggiamenti iniziali, a fronte del pagamento della somma di talleri sessanta per il palio di luglio e quaranta per quello di agosto. Il *pallium* di stoffa pregiata, analogo a quello che veniva consegnato al vincitore del palio *alla lunga*, viene descritto cosi' nelle fonti archivistiche: nel 1666 palio di seta bianca con rose rosse, nel 1685 bellissimo palio di damasco rosso e fregio di lama bianca in mezzo, nel 1701 due teli di damasco rosso con striscia di damasco giallo in mezzo, nel 1703 damasco di piu' colori con fiori d'oro, nel 1704 damasco paonazzo tutto a fiori d'argento, nel 1714 braccia ventotto di broccato d'oro, 14 braccia per parte, con fregio in mezzo di lama bianca d'argento con nove armi dei Sigg. ricamate d'oro e seta secondo i colori di dette armi, e foderato tutto di taffetta' color oro e ornato di frangia di seta tessuta a oro. Successivamente al 1717 non si trovano piu' descrizioni dettagliate del palio, il che ci fa presumere che da allora si inizio' a consegnare il drappo di seta dipinta con gli stemmi dei Signori del Brio e l'immagine della Madonna di Provenzano (quello del 1719, vinto dall'Aquila è ritenuto il primo palio originale conservato). E' solo sul

---

nomi arabi del XII secolo come *az Za'raf*.

[50] L'oca, nella tradizione rituale, era simbolo di protezione domestica, per la sua combattività, simboleggiata nella leggenda delle oche capitoline che salvarono l'*arx* dall'assalto dei galli di Brenno, e di fecondità, ma anche legata alla trascendenza spirituale.

Nel periodo dell'edificazioni delle grandi cattedrali compare schematizzata l'immagine della zampa d'oca che costituiva il marchio dei Maestri costruttori, corrispondente alla runa *algiz*.

finire dell'800 che si comincio' ad arricchire il drappellone di seta con dipinti allegorici di varia natura[51].

Carro allegorico del Nicchio, da Bernardino Capitelli, I Carri delle sei Contrade, che comparvero splendidamente in teatro alla luce di ser.o Sole, etc. ..., Siena 1632.

Carro allegorico della Contrada della Torre, 1632. Dalla sua Macchina la Contrada nel XVI era spesso chiamata dell'Elefante o del Lionfante.

---

[51]http://www.contradadellagiraffa.it/ecomuseo.php

La costellazione Camelopardalis *con Custos e la bandiera dell'Imperiale Contrada della Giraffa.*

La Lupa con i gemelli, circondata dai simboli di varie città, non corrispondenti all'araldica ufficiale, spesso assai simili a quelli delle Contrade: Lupa e Selva (Siena), Aquila (Volterra), Elefante con torre (Roma); Liocorno (Viterbo), Oca (Orvieto), Leone (Firenze), Pantera (Lucca), Drago (Pistoia); il leone rampante (Massa) corrisponde precisamente allo stemma della contrada dell'Orso, oggi soppressa (campus azurri cum leone crocco et cum liliis et rastrello a capite).. *Si tratta delle costellazioni- Aquila, Draco, Leo, Elephas, Ippogriphus (Pegasus), Lepus, Panthera, Grus, Equluus, Cor Leonis?, Ansere- che circondano la terra come le città circondano Siena..*
Duomo di Siena.

Conclusioni.

Lusus Troiae, *Equorum Probatio* e **Palio di Siena**.

A Siena si hanno quei momenti perfetti, in cui il passato più lontano risale a galla fino a noi, confondendosi col presente, diventandogli contemporaneo.

(Guido Piovene)

Per concludere, bisogna innanzitutto ricordare le differenze tra il Palio medievale e il Palio come si corre attualmente, il *Palio alla lunga* ed il *Palio alla tonda*.
Innanzi tutto, il Palio medievale non era legato alle Contrade ed alle Compagnie, che si affrontavano nelle pugne e nelle cacce, eredi delle *venationes* romane, ma ai giovani nobili, come nel mondo etrusco e romano avveniva con il *lusum Troiae*, perchè i giochi rituali medioevali furono battaglie simulate e addestramento per la guerra. Si correva alla lunga, cioè in linea su un percorso che andava da fuori le mura al Duomo, dall'esterno all'intern,, dalla campagna alla città, in un percorso tortuoso che ben sostituiva l'originario labirinto. Il premio era un *Pallium*, una lunga pezza di stoffa preziosa, talvolta cucito a bande verticali e foderato da centinaia di pelli di vaio, la pelliccia dei cavalieri, fatto per essere indossato.
Il gioco può avere legami con Marte, il quelle venne associato ai cavalli attraverso le proprie feste di *Equirria* ed il rituale dell'*Equus October*, come protettore della gioventù guerriera. I sacerdoti armati del dio, i Salii, eseguivano passi di danza rituale espressi dalle forme del verbo *truare*, qui forse con il significato di *eseguire una danza troiana*.
Si è accennato come nell'Inghilterra normanna, e poi plantageneta e Tudor una corsa assolutamente analoga al *Palio alla lunga* fosse chiamata *Troy Game*, appunto il *lusus Troiae*, a volte cosrso alla tonda all'interno di strutture a labirinto, più sovente lungo le intricate vie delle città medievali.
Il richiamo a Troia, anche se è dubbio che il nome del vaso della Tragliatella si riferisca alla città di troia, come il nome venne interpretato dai romani (si pensi ai versi di Virgilio, *Hen.*, V, 580-593) porta immediatamente alla mente la leggenda di Senio e Aschio, di stirpe troiana, quali fondatori della città, i quali raggiungono Castelvecchio dopo una corsa alla lunga sui destrieri inviati da Apollo; al di là della rimaneggiatura e reinterpretazione umanistica della leggenda nel cinquecento- ma probabilmente già precedentemente- ad opera di eruditi senesi, la leggenda riflette con buona probabilità un culto legato a gemelli divini, probabilmente i Dioscuri, legati alla cavalleria e alla *juventus* aristocratica.
Difficile datare un tale culto, ammettendone l'esistenza, anche se i riferimenti ai gemelli, ad Apollo e Diana fanno propendere per il periodo ellenistico o al più ro-

mano, forse legato alla dedizione di *Saena Julia* (e la Gens Julia è ovviamente di origine troiana), sebbene in un substrato culturale in cui ludi equestri, praticati da cavalieri di stirpe aristocratica che cavalcano senza sella, con copricapi che servivano all'identificazione, siano attestati nelle decorazioni fittili del palazzo di Poggio Civitate di Murlo già nel VI secolo a.C.; si ricordi come una grande abitazione di età arcaica, con fondazioni in pietra è stata rinvenuta presso il Duomo, e come il toponimo *Saena* possa derivare dal gentilizio etrusco *Saina/Seina*, attestato epigraficamente a Chiusi, Perugia e Montalcino, analogamente a quanto avviene con la gens *Kaiknas/ Caecina* con la valle del fiume omonimo..

Siamo dunque in contesto di giochi equestri legati all'aristocrazia ed all'addestramento dei giovani guerrieri- poi dei giovani cavalieri senesi appartenenti alla nobiltà- legati a date precise del calendario sacro, come le feste in onore di Tinia- Voltumna/ Vertumnus (e qui si ha la corrispondenza con il *vertere* delle stagioni e del corso solare e i movimenti dei cavalieri) che non si limitano alla gara ma si trasformano in combattimenti tra i partecipanti, come avviene ancor oggi, sebbene in forma più attenuata anche rispetto a qualche decennio fa- con i colpi di nerbo di bue scambiati dai fantini del palio, e nerbi che compaiono anche nelle lastre di Poggio Civitate e negli affreschi tarquiniensi della tomba del Barone e chiusini della Tomba della Scimmia.

E, ulteriore analogia, la *pompé* che precede l'uscita dal labirinto di *Truia* dei due cavalieri (si noti il numero!) senza sella ma con lo scudo oplitico fa venire alla mente il corteo storico, il cui carattere militare è ancor oggi evidentissimo, e ancor più doveva esserlo nel rinascimento.

Il palio attuale venne corso per la prima volta nel Campo, *alla tonda*, a quel che si sa, nel XVII secolo (ma non si può certo affermare che nel 1644 *venne corso il primo palio con i cavalli*, visto che il primo documento relativo alla giustizia paliesca è del 1238 con la multa di 40 scudi inflitta a Ristoro di Bruno Ciguarde, quindi con richiami a regolamenti stabiliti già da tempo, che il Palio nel Campo è raffigurato in una incisione di Capitelli datata 1632 e che le vittorie delle contrade sono registrate a partire da quella della Tartuca il 15 agosto 1634, dieci anni prima[52]).

Del resto Caterina Benincasa (1347- 1380) , ossia santa Caterina da Siena diceva nel XIV secolo:

Orsù figliuoli dolcissimi, correte questo palio, e fate che solo sia uno quello che l'abbia...
E per quanto si riferisse ad un palio spirituale faceva riferimento a eventi concreti.

---

[52] Dal 1644 iniziano i palii con le vittorie riconosciute dal Comune. Nei dieci anni prima si ha notizia dei pali seguenti: 15 agosto 1633 (Tartuca); giugno 1634 (vincitore sconosciuto); 1636 ((vincitori sconosciuti);2 luglio1638 (Tartuca); 2 luglio1641 (Onda); 4 luglio 1641 (Torre); 9 maggio 1643 (Onda); 2 luglio 1643 (Tartuca).
Si veda https://www.ilpalio.org/vittorie1633-1691.htm

Palio alla tonda in Piazza del Campo, 1632 (B. Capitelli)

Si è detto della simbologia solare della corsa. ora, difficile stabilire se si tratti di un richiamo erudito ed umanistico al significato delle gare circensi romane, ben noto dalla letteratura latina, o se rispecchi, come pensiamo, una simbologia astrale già presente all'atto della sistemazione del Campo nel XIII secolo con il governo dei Nove con la creazione del *Nicchio* ispirato al mantello di Maria e quindi alla volta celeste dell'iconografia mariana, in cui il Manto- *pallium!*- è rappresentato come il cielo stellato .

La corrispondenza così ben documentata nel mondo romano tra cavallo e sole ci sembra indubitabile.

Una differenza fondamentale tra il Palio medievale e quello successivo è che ora a correra la carriera non sono più i nobili, i cavalieri che corrono sui cavalli da battaglia, più lenti e pesanti (ancor oggi nella comparsa il fantino monta il soprallasso) ma le Contrade, la milizia borghese; questo ci aiuta forse a stabilire quando sia avvenuto questo cambiamento, probabilmente, come a Firenze ed Arezzo con l'arricchimento della società mercantile e la nascita dei *feditores*, cavalieri leggeri non più legati alla cavalleria pesante feudale- e Siena ne aveva poca, se a montaperti dovette ricorrere ai cavalieri tedeschi- ma alla borghesia ricca, che con veloci cariche dovevano scompigliare le fila delle fanterie avversarie, come a Campaldino, in cui il feditore fiorentino Dante di ser Alighiero degli Alighieri provò *temenza molta e allegrezza tanta*.

Con cavalli più veloci correre il Palio *alla lunga* per le vie strette della città sarebbe stato semplicemente suicida, e questo spiega perché si sia preferito far correre *alla tonda*, venendo ad assomigliare sempre più alle *decursiones* della cavalleria romana che al *lusus Troiae*.

Venne sostituito da quello alla tonda, mentre quello *alla lunga* venne corso ancora, con i barberi, ossia cavalli scossi senza fantino, ma anche montati, come in occasione del matrimonio tra Napoleone I e Maria Luisa.

Un palio assai diverso dunque, ma pure con profondi legami di continuità: gli aspetti di guerra ritualizzata, la sfida senza regole o con pochissime, il legame con il sacro che oggi può sorprendere dopo Riforma e Controriforma, ma che nel mondo medievale costituiva la normalità, dai cori contradaioli in chiesa, sacri e soprattutto profani, la benedizione del fantino e del cavallo, insomma tutto ciò che nel mondo premoderno caratterizzava la guerra, vera o simulata; e ancora, come nelle lastre di Murlo, negli affreschi tarquiniensi della Tomba del Barone (o Tomba del Palio) o sull'*oinochoe* della Tragliatella, il cavalcare a pelo e così via indicano come dal *lusus Troiae* alle *decursiones* e alla *probatio equitum* antichi si sia giunti con numerose variazioni sì, ma con una continuità a parere di chi scrive difficilmente negabile, all'attuale Palio di Siena, che proprio per queste caratteristiche costituisce un caso unico non solo in Italia ma in tutta Europa di ininterrotta continuità tra il mondo etrusco, quello medievale e rinascimentale e l'attuale.

Il Palio non è solo una corsa di cavalli che dura pochi minuti due volte l'anno, e neppure i giorni che lo precedono, ma è ancor oggi la sopravvivenza degli ideali della Repubblica, come scrive Piero Bargellini a proposito di come non si tratti di una qualsiasi manifestazione folkloristica , ma qualcosa di unico e soprattutto di autentico:

Nel pieno meriggio cinquecentesco, Siena non era ancora matura per cadere spontaneamente nelle mani del dominatore della Toscana. Il suo picciòlo, costituito dalle gloriose costituzioni repubblicane, si manteneva ancora verde, bene attaccato al tronco d'una saldissima tradizione comunale. Bisognò tagliarlo con la spada; strapparlo con la violenza. Da ciò l'offesa, la ferita, lo strazio della disperata resistenza, il dolore della fatale resa. Da quell'offesa, da quella ferita, da quello strazio e da quel dolore, nacquero le Contrade; nacquero come protesta contro la prepotenza, come lenimento alla ferita, come consolazione al dolore, come riaffermazione d'indipendenza e anche come speranza di rinascita. [...] Ecco perché il Palio non fu e non è un 'gioco' simile ad altri o protratti nei secoli o riesumati in tempi recenti. Il Palio significò la sopravvivenza d'un ideale e di un ordine, conculcato, ma non domato; soppresso, ma non estinto.

Vincenzo Rustici (Siena, 1556 – 1632), Corteo delle Contrade, fine del XVI secolo.

Appendice.

REGOLAMENTO PER IL PALIO

Il regolamento per il Palio emanato dal comune di Siena è uno strumento fondamentale, soprattutto per i non senesi, per comprendere quella che solo in apparenza è una semplice gara di corsa di cavalli. Tutto è codificato, compreso l'uso del nerbo da parte dei fantini, *fornito a tutti dal Comune, di tipo uniforme, tanto per incitare maggiormente il cavallo proprio, quanto per battere ed ostacolare con esso i Fantini avversari ed i loro cavalli durante il percorso*. Vi si trova tutto ciò che occorre sapere per comprendere il Palio: il sorteggio delle Contrade che devono correre il Palio, l'assegnazione dei cavalli, le prove, il corteo storico, la carriera, il ruolo del mossiere e così via, ogni aspetto del Palio viene regolamentato: cose che ogni senese conosce ma che spesso risultano oscure a chi sia nato *extra moenia*. I due allegati poi trattano dell'araldica delle contrade e della composizione del Corteo Storico, che, non si ripeterà mai abbastanza, non è una semplice sfilata di figuranti come avviene in altre feste, ma un momento di orgoglio dell'antica Repubblica: il Rettore non è uno vestito da rettore medievale, ma è davvero il rettore dell'Università di Siena come i quattro docenti sono davvero professori dell'ateneo, come le rappresentanze di Massa Marittima e di Montalcino vengono da lì a simboleggiare il legame di fedeltà alla Repubblica sino all'ultima eroica resistenza durata quattro anni della rocca ilcinense al *ladron mediceo*, quando la Balzana continuò a sventolare fino al 1555.
Del resto basterebbe sentire i canti dei contradaioli che si recano al Campo, guardare le facce di uomini e donne- la prima menzione di canti di contrada risale al XV secolo, quando gli aquilini entrarono *ferocemente cantando*- per ripensare alla frase di Bargellini che abbiamo citato precedentemente: *il Palio non fu e non è un 'gioco' simile ad altri o protratti nei secoli o riesumati in tempi recenti. Il Palio significò la sopravvivenza d'un ideale e di un ordine, conculcato, ma non domato; soppresso, ma non estinto*. L'età d'oro della Repubblica Senese, stato che comprendeva buona parte della Toscana meridionale, finì definitivamente nel 1555 quando, dopo l'assedio dell'esercito fiorentino e spagnolo, e la caduta dell'ultimo baluardo di Montalcino, Siena divenne una piccola città del Granducato Mediceo. È molto probabile che la caduta della Repubblica abbia fatto spostare l'attenzione dei senesi dal mondo esterno a quello interno: non avendo più nessuna influenza sulla politica, i senesi si chiusero dentro le mura e volsero i loro interessi principali alle contrade.
Il fatto che le contrade diventassero protagoniste del Palio appunto in questo periodo, può essere spiegato con l'esigenza di mantenere vivo il ricordo della passata libertà e grandezza. La corsa era un'ottima occasione per far vedere la loro forza e serviva a risentire almeno per un giorno il potere e l'autonomia di un tempo. I Palii organizzati dalle contrade erano sempre corsi *alla tonda*, cioè in un vero e proprio

circuito cittadino, che era poi la piazza principale: Il Campo. Probabilmente oltre al motivo pratico, per cui in questo modo si poteva seguire con attenzione tutta la Carriera, oltre al motivo simbolico, con la riproduzione in terra dei moti celesti, aveva importanza anche il luogo stesso della corsa, che era già allora il punto più interno, più intimo della città. Inoltre, la processione delle contrade che originariamente precedeva il *Palio alla lunga* (cioè su un percorso che si snodava all'interno della città nelle strette e circonvolute strade, come nel labirinto del Lusus Troiae), nel corso dei secoli si è trasformata in corteo storico intorno alla Piazza. Il corteo non è altro che la dimostrazione dell'antica grandezza di Siena: basti pensare al gruppo dei vessilliferi, rappresentanti le 72 città, podesterie, paesi e castelli della Repubblica Senese. Il simbolo più evidente dell'orgoglio militare è il carroccio con la Balzana; non è formato da figuranti come nelle altre manifestazioni, fiere, giostre, quintane d'Italia, ma da contradaioli, e non solo. Il rettore e i quattro docenti che sfilano in abito quattrocentesco sono davvero il rettore dell'Università di Siena e quattro professori, non delle comparse in costume.

La rivalità con Firenze serve anche a spiegare l'impettito orgoglio che caratterizza Siena e i suoi abitanti. Firenze è una città medievale rivestita dalle ricchezze del Rinascimento e della Signoria medicea. Siena resta invece medievale e comunale.

È stato scritto di come i senesi siano molto orgogliosi della propria *diversità* rispetto agli eterni rivali fiorentini. E queste puntualizzazioni, che potrebbero sembrare capziose soprattutto per chi non è toscano, si rivelano invece azzeccatissime. I senesi si considerano per certi versi cittadini antitetici rispetto al rapporto che i fiorentini hanno con la loro città. Questa antitesi ha qualcosa di vero, non solo perché nella storia di Siena si ritrova una tendenza libertaria più acuta (attenuata a Firenze dal *Principato* - che di fatto era una dittatura mascherata - e dagli interessi economici che gli giravano attorno). Una differenza fondamentale tra Firenze e Siena sta nella loro divisione del popolo: Firenze fu dal XIII secolo divisa in corporazioni e in arti. Le categorie di persone erano associate tra di loro senza nessun riguardo alla nascita in questo o quel quartiere. La divisione fondamentale di Siena fu invece dettata sempre da fattori topografici, che dettero luogo alle Contrade[53]. È possibile che vi fosse una certa amalgama sociale nelle Contrade, ma l'attaccamento alla Contrada non ebbe mai un'origine ricollegabile agli interessi, per non parlare della politica. Fu invece sempre dettato da funzioni di legami militari e di solidarietà riconducibile alla funzione delle Compagnie militari e di Solidarietà.

Possiamo dire che il Palio fu la resistenza silenziosa dello Stato Nuovo, inglobato in quello che divenne il Granducato; per due- a parte i palii straordinari- volte l'anno Siena gridava di non essere altro che Siena. Sotto i Medici, i Lorena, La Francia napoleonica, di nuovo i Lorena, il regno d'Italia, la repubblica, lo spirito di Montaperti non si è mai spento, come non si sono mai perse le radici etrusche e pagane di

---

[53] https://www.ilpalio.org/gabrielli_psicologia.htm

Siena; una vena sotterranea e invisibile per chi non ne conosca l'esistenza. Come la Diana.

REGOLAMENTO PER IL PALIO.

Capitolo 1: Disposizioni fondamentali

Art. 1 - Corse del Palio - Palii ordinari

Le tradizionali corse del Palio, con le quali il popolo senese, avente nelle storiche sue Contrade l'espressione più pura e più caratteristica, solennizza le ricorrenze religiose della Visitazione e dell'Assunzione in cielo di Maria Vergine, Signora e Patrona della città, si effettuano nel "Campo" il 2 luglio ed il 16 agosto di ogni anno.

Art. 2 - Palii straordinari - Indizione

Al di fuori delle ricorrenze indicate nel precedente articolo, possono essere effettuati Palii straordinari in occasione di circostanze o avvenimenti di carattere assolutamente eccezionale, e ciò solo su iniziativa del Sindaco, della Giunta Municipale o del Consiglio Comunale ovvero su richiesta del Magistrato delle Contrade, di Enti e Comitati cittadini, rivolta tempestivamente al Sindaco. Tanto l'iniziativa dell'Amministrazione Comunale, quanto le richieste suaccennate (queste ultime se ritenute dalla Giunta Municipale non manifestamente infondate) vengono, dal Sindaco, al più presto comunicate alle Contrade tramite il loro Magistrato, il quale provvederà a consultare tutte quelle che non abbiano in corso punizioni definitive di esclusione, di cui all'Art. 97 lett. d) raccogliendo le adesioni, che sono volontarie, ma irretrattabili. Solo se vengono raccolte almeno dieci adesioni il Consiglio Comunale decide sulla effettuazione o meno del Palio Straordinario ed in caso affermativo il Sindaco notifica entro cinque giorni la detta decisione alle diciassette Contrade, consentendo a quelle che avevano in precedenza negato la loro adesione o che si erano astenute da qualsiasi pronunciamento in merito, di fare conoscere la loro rinuncia o adesione definitiva ed irretrattabile mediante comunicazione scritta rivolta entro dieci giorni al Sindaco ed al Magistrato delle Contrade. Le Contrade che non faranno pervenire tale decisione, nel termine di tempo sopra disposto, saranno considerate definitivamente rinunciatarie.

Art. 3 - Annunci al pubblico

Spetta all'Autorità Comunale dare l'annuncio al pubblico di ogni Palio ordinario o straordinario.

Art. 4 - Contrade: Stemmi e colori - Partecipazione ai Palii

Le Contrade sono diciassette e cioè: Aquila, Bruco, Chiocciola, Civetta, Drago, Giraffa, Istrice, Leocorno, Lupa, Nicchio, Oca, Onda, Pantera, Selva, Tartuca, Torre e Val di Montone. I loro stemmi e colori risultano dall'allegato A) del presente regolamento. Ad ogni Palio partecipano dieci delle diciassette Contrade. Per la determinazione di esse nei Palii ordinari, si segue la regola stabilita dal Bando del Magistrato di Biccherna del dì 21 gennaio 1720 (stile senese). Hanno diritto a partecipare ad un Palio ordinario le sette Contrade che non presero parte a quello corrispondente dell'anno innanzi ed il loro numero viene completato mediante sorteggio fra le altre che vi parteciparono, tenuto conto anche delle eventuali rinunzie di cui all'Art. 6. Per i Palii straordinari di cui all'Art. 2, le dieci Contrade che partecipano alla corsa sono sorteggiate con le modalità di cui all'Art. 27.

Art. 5 - Palii Straordinari - diritto di partecipazione

I Palii straordinari non modificano i diritti delle Contrade per la partecipazione a quelli ordinari. Art. 6 - Palii ordinari - Rinunce In conformità di quanto è stabilito dal citato Bando del Magistrato di Biccherna del di 21 gennaio 1720 (stile senese) la partecipazione delle Contrade ai Palii ordinari è volontaria. E' quindi in piena facoltà delle Contrade di rinunciare al diritto acquisito di correre, o di astenersi dall'esperimento della sorte, purché ne rendano edotta per iscritto l'Autorità Comunale almeno dieci giorni prima dell'inizio delle operazioni di cui all'Art. 20 e seguenti. Non è ammessa alcuna rinuncia condizionata, o a favore di altra Contrada. Soltanto nell'eventualità che le rinunce non permettano di raggiungere il numero prescritto dal terzo e quarto comma dell'Art. 4 - mentre le Contrade che non avrebbero avuto diritto di partecipare alla corsa lo acquistano senz'altro - si procede ad un sorteggio fra le rinuncianti, per determinare quali di esse divengano obbligate a parteciparvi al fine di completare il numero anzidetto.

Art. 7 - Soprintendenza e direzione dei Palii

La soprintendenza e la direzione dei Palii, sia ordinari che straordinari, spettano esclusivamente all'Amministrazione Comunale. La Giunta Municipale nomina una Deputazione composta di tre membri, la quale esercita le attribuzioni conferitele dal presente Regolamento ed in genere coadiuva l'Amministrazione Comunale nelle funzioni suddette. Per la nomina di tale Deputazione, il Magistrato delle Contrade presenta al Comune una segnalazione non vincolante di almeno sei nominativi. Nell'espletamento dei suoi compiti la Deputazione della Festa si avvale della collaborazione di tre Ispettori della Pista, nominati con le stesse modalità dei Deputati della Festa.

Art. 8 - Pubblici concorsi e lotterie - Divieto

In considerazione delle finalità del Palio come celebrazione cittadina e dello spirito che lo anima, è vietato di promuovere pubblici concorsi, Lotterie, od altre iniziative che possano far sorgere interessi economici aventi qualsiasi riferimento al Palio, o alle sue fasi ed alle operazioni inerenti.

Capitolo 2: Dei rapporti tra il Comune e le Contrade e del Capitano

Art. 9 - Contrade - Stato giuridico

Le Contrade sono Enti autonomi, e come tali provvedono alla loro amministrazione e svolgono la loro attività in modo indipendente, conformandosi alle norme portate dai propri Capitoli o Statuti ed ispirandosi alle antiche tradizioni. Le loro insegne, bandiere, stemmi, imprese, costumi e raffigurazioni singole o collettive non possono essere riprodotte ed esposte al pubblico, o diffuse, senza la preventiva autorizzazione della Contrada interessata e del Magistrato delle Contrade. I contravventori sono perseguiti nei modi di legge. L'alto patrocinio delle Contrade, come istituzione di cospicuo interesse cittadino, spetta al Comune di Siena. In occasione del Palio, le Contrade sono tenute all'osservanza delle prescrizioni municipali in tutto ciò che si riferisce alla parte preparatoria ed al regolare e decoroso svolgimento della celebrazione. In caso di inosservanza, le Contrade sono passibili di sanzioni, secondo il disposto degli Artt. 97 e seguenti.

Art. 10 - Contrade - Nomina di Commissario

Ferma restando l'autonomia delle Contrade, è ammessa, in via eccezionale, la nomina di un Commissario incaricato della ricostituzione del Seggio e della temporanea reggenza, nei soli casi seguenti: a) quando venga a mancare il Seggio e agli appartenenti alla Contrada, malgrado i formali inviti scritti del Comune, da affiggersi presso la sede per tre volte di seguito e per dieci giorni ciascuno, non riesca possibile la ricostituzione, e gli appartenenti stessi invochino tale provvedimento, o con la loro inerzia lo rendano indispensabile; b) quando si verifichi da parte della Contrada una assoluta e ingiustificata inattività che si prolunghi per almeno un triennio, cosi che il Seggio in carica debba considerarsi decaduto. Nei casi sopra previsti, il Magistrato delle Contrade è chiamato ad esprimere parere sulla necessità del provvedimento. La nomina del Commissario, da scegliersi fra persone esperte di vita contradaiola, su una terna di nomi proposti dal Magistrato delle Contrade, è di esclusiva competenza della Giunta Comunale. La gestione straordinaria non può superare la durata di tre mesi. Qualora entro tale periodo il Seggio non sia stato ricostituito e la situazione permanga invariata, si procederà alla nomina di un altro Commissario, rinnovando la procedura sopra stabilita.

Art. 11 - Contrade - Rapporti con il Comune

Il Comune, in tutti quei rapporti che riguardano collettivamente le Contrade, corrisponde con esse a mezzo del loro Magistrato. Però per questioni urgenti riguardanti lo svolgimento del Palio, l'Autorità Comunale può indire riunioni alle quali debbono partecipare, insieme, Priori e Capitani.

Art. 12 - Contrade - Notifica del Seggio al Comune

E' dovere di ogni Contrada notificare con lettera ufficiale al Comune la formazione del proprio Seggio, indicando il cognome, nome e la residenza di ciascuno dei membri che lo compongono, nonché la carica rispettivamente coperta. La comunicazione deve essere fatta volta a volta che si proceda alla ricostituzione totale, o a parziali cambiamenti, ma in ogni modo, entro il 31 maggio di ciascun anno deve essere rimesso un completo elenco, aggiornato a tale data. La rappresentanza della Contrada nei confronti del Comune non può essere esercitata ove manchino le comunicazioni sopra prescritte.

Art. 13 - Contrade - Legittimo rappresentante

L'Amministrazione Comunale riconosce nel Priore il Capo ed il legittimo rappresentante della Contrada e corrisponde quindi con esso per tutto quanto possa riguardare la Contrada medesima, salvo il disposto dell'Art. 11 per gli affari di interesse collettivo. Pur tuttavia corrisponde direttamente col Capitano per ciò che concerne le operazioni tutte riferentesi allo svolgimento di ogni Palio.

Art. 14 - Capitano - Approvazione

Entro il mese di maggio di ogni anno le Contrade debbono notificare all'Autorità Comunale, con lettera ufficiale, la nomina del Capitano, per l'approvazione. Decorso tale termine senza che abbia luogo la notifica, o quando la nomina non venga approvata, le funzioni del Capitano restano attribuite al Priore. Per giustificato motivo sono ammessi cambiamenti nella persona del Capitano, o di quella che è investita di tali funzioni, purché notificati nella forma suindicata non oltre il dodicesimo giorno prima della assegnazione dei cavalli. L'Autorità Comunale, quando riscontri sussistere nella persona nominata alcuno dei casi di ineleggibilità, di cui all'Art. 15, ne rende edotta, entro 15 giorni, la Contrada, specificando i ravvisati motivi di ineleggibilità e la invita a provvedere alla sostituzione. Il Capitano entra in carica solo dopo l'approvazione della Autorità Comunale. In caso di vacazione, le funzioni di Capitano vengono assunte personalmente dal Priore o in sua assenza dal Vicario. Il Priore, pur essendo in carica il Capitano, può in ogni caso assumere le funzioni per singoli atti, operazioni, o adunanze.

Art. 15 - Capitano - Eleggibilità

Non sono eleggibili alla carica di Capitano: a) coloro che non abbiano compiuto la maggiore età; b) gli interdetti, gli inabilitati e coloro che si trovino in stato di fallimento; c) coloro che abbiano riportato condanna per reato comune, non colposo. Quando si verifichino i casi di ineleggibilità previsti dalla lettera b) oppure la condanna come detto alla lettera c) dopo l'elezione, il Capitano decade dalla carica.

Art. 16 - Nomina del Capitano - Ricorsi

Contro la nomina del Capitano da parte della Contrada è ammesso ricorso alla Giunta Municipale, entro il termine di cinque giorni dalla data della nomina stessa, tanto per le cause di ineleggibilità di cui al precedente articolo, quanto per il caso che alla votazione abbiano partecipato persone non aventi diritto al voto, o quando la nomina sia dovuta a minacce o raggiri. Il ricorso deve essere avanzato da almeno dieci appartenenti alla Contrada aventi diritto di voto e corredato di atti, documenti, o dichiarazioni che valgano a suffragare i motivi addotti. La Giunta Municipale comunica il ricorso alle parti interessate, assegnando un termine per le deduzioni e decide inappellabilmente.

Art. 17 - Fiduciari del Capitano - Approvazione

Il Capitano la cui nomina sia stata debitamente approvata, non meno di 10 giorni prima dell'assegnazione dei cavalli, ha facoltà di proporre all'Autorità Comunale due suoi Fiduciari nelle funzioni e operazioni inerenti allo svolgimento del Palio. Questi Fiduciari - che non debbono trovarsi in alcuno dei casi di ineleggibilità previsti dal precedente Art. 15 - sostituiscono il Capitano, in caso di assenza o impedimento e perciò sono soggetti alla approvazione dell'Autorità Comunale, nei termini e con le forme dell'Art. 14. La sostituzione deve avvenire però in modo che in rappresentanza della Contrada si abbia in ogni caso la presenza di una sola persona. La designazione dei Fiduciari deve esser fatta per ogni Palio. I Fiduciari decadono di diritto in caso di cambiamento del Capitano. Il Capitano notifica all'Amministrazione Comunale, per ogni Palio e nei termini di cui al primo comma, il nominativo del Barbaresco, soggetto all'approvazione dell'Autorità Comunale, che dovrà motivare l'eventuale diniego.

Art. 18 - Priori e Capitani - Impedimenti - Sostituzione nei rapporti con il Comune

Di regola i Priori ed i Capitani debbono, nei rapporti col Comune, esercitare personalmente il loro ufficio e sono perciò tenuti ad intervenire di persona a tutte le adunanze ed operazioni inerenti alla loro rispettiva carica. In caso di impedimento i Priori possono essere sostituiti dal Vicario, o eccezionalmente da un membro del Seggio a ciò espressamente delegato. Pure in via eccezionale, i Capitani possono farsi rappresentare da uno dei Fiduciari di cui l'Autorità Comunale abbia approvata la nomina ai sensi dell'Art. 17.

Art. 19 - Palco dei Priori e Palco dei Giudici - Persone ammesse

Nell'apposito palco destinato al Magistrato delle Contrade per assistere al Palio possono prendere posto soltanto i componenti il Magistrato stesso, o coloro i quali li sostituiscono ai sensi del secondo comma dell'articolo precedente, mentre nei dieci posti messi a disposizione dei Capitani nel Palco dei Giudici, possono, in assenza dei titolari, essere ammessi soltanto i Priori, o i Vicari, o uno dei Fiduciari, approvati, del Capitano, in modo che ogni Contrada non abbia mai, in ciascuno dei detti palchi, più di un rappresentante. Nel piano inferiore del palco dei Giudici possono accedere soltanto i venti Fiduciari dei Capitani delle Contrade partecipanti al Palio.

Capitolo 3: Dei sorteggi preparatori e del mossiere

Art. 20 - Sorteggio delle Contrade - Adunanza - Avviso al pubblico

Per effettuare il sorteggio delle Contrade previsto, per i Palii ordinari, dal terzo comma dell'Art. 4, l'Autorità Comunale, non meno di venti giorni prima del 2 luglio e del 16 agosto, di regola nel pomeriggio di un giorno festivo, convoca in una Sala del Palazzo Municipale i Capitani di tutte le Contrade, salvo le eccezioni di cui all'Art. 29. Di tale adunanza viene dato avviso al pubblico. Essa è legale qualunque sia il numero delle Contrade rappresentate e viene presieduta dal Sindaco, o da un Assessore a ciò delegato, assistito dai competenti funzionari del Comune. È vietato a chiunque altro di assistere all'adunanza, sotto pena di nullità delle operazioni.

Art. 21 - Sorteggio delle Contrade - Operazioni preparatorie

Aperta l'adunanza, datone annuncio al pubblico con gli squilli dei Trombetti di Palazzo e verificata la legittima rappresentanza delle Contrade intervenute, il Presidente da comunicazione e fa prendere atto delle esclusioni per punizioni tuttora in corso e delle eventuali rinunce a partecipare alla corsa o all'esperimento della sorte, che siano tempestivamente pervenute. Colloca poi in apposita urna i nomi di tutte le Contrade ad eccezione di quelle rinunciatarie - scritti in tessere che egli chiude in altrettante custodie identiche tra loro - e quindi ne estrae tante quante debbono essere le Contrade da sorteggiarsi per completare il numero di dieci. I Capitani delle Contrade estratte si recano al banco della presidenza per cooperare all'effettuazione del sorteggio. Il Presidente sostituisce di diritto i rappresentanti delle Contrade che siano assenti, salvo che essi non intervengano, in corso di seduta, in tempo utile per esercitare le loro funzioni.

Art. 22 - Sorteggio delle Contrade - Modalità di estrazione delle Contrade che parteciperanno

Il Presidente ed i Capitani delle Contrade sorteggiate nella estrazione di cui all' articolo precedente prendono anzitutto cognizione di quelle fra le quali deve essere effettuato il sorteggio, ivi comprese le Contrade soggette ad esclusione con punizione in corso e lo stesso Presidente ne chiude le tessere contenenti i relativi nomi in altrettante custodie identiche tra loro, ponendole in una seconda urna, in modo a tutti palese. Terminata tale operazione il Capitano della Contrada designata per prima dalla sorte estrae un nome, rimettendo al Presidente la custodia chiusa e questi l'apre e pubblica il contenuto, mostrando palesemente la tessera estratta. Successivamente, e con le stesse modalità, il Capitano della Contrada che la sorte ha designata per seconda, procede alla estrazione di un'altra Contrada, il cui nome viene nello stesso modo pubblicato, e si continua cosi finché non ne siano estratte tante da completare il numero di dieci necessario per il Palio. Qualora venga estratta una Contrada che abbia in corso un provvedimento disciplinare di esclusione essa verrà a questo punto eliminata, scontando cosi la punizione, e si procederà all'immediato sorteggio di altra Contrada. Del sorteggio della Contrada esclusa viene data notizia al pubblico mediante esposizione della bandiera ad una finestra del secondo piano del Palazzo Municipale prima dell'esposizione delle altre bandiere delle Contrade successivamente estratte e partecipanti al Palio. Nel caso di sopraggiunta impossibilità a partecipare al Palio da parte di una contrada non si procede all'ulteriore convocazione dei Capitani, ma avranno diritto a correre le Contrade nel rispetto dell'ordine di sorteggio di cui al successivo Art. 23.

Art. 23 - Sorteggio delle Contrade - Modalità di estrazione delle Contrade che non parteciperanno

Completato il numero delle dieci Contrade che debbono correre il Palio, il Presidente continua l'estrazione delle Contrade rimaste nell'urna, pubblicando man mano il nome di ciascuna di esse. Queste ultime hanno diritto di partecipare al Palio corrispondente dell'anno immediatamente successivo, insieme a quelle che avessero rinunciato al diritto di correre, o al sorteggio, ai sensi dell'Art. 6 e a quelle per le quali cesserà la punizione dell'esclusione.

Art. 24 - Sorteggio delle Contrade - Determinazione ordine delle Contrade nel Corteo Storico

I sorteggi di cui agli Artt. 22 e 23 valgono anche per determinare l'ordine delle Comparse nel Corteo Storico che precede la corsa del Palio, come specificato nell'Art. 77. Quando per le rinunce di cui all'Art. 6 non si debba far luogo all'estrazione a sorte per completare il numero delle dieci Contrade partecipanti alla corsa, il sorteggio tra queste viene effettuato dal Presidente, all'unico scopo di stabilire l'ordine delle rispettive Comparse del Corteo Storico.

Art. 25 - Acquisizione del diritto di correre per rinuncia di altra Contrada - Ordine nel Corteo Storico

Per il sorteggio previsto dall'ultimo comma dell'Art. 6 si osservano le norme contenute negli Artt. 21 e 22. L'ordine nel Corteo Storico delle Comparse delle Contrade le quali hanno acquisito il diritto di correre in forza del suddetto Art. 6, comma ultimo, viene determinato con apposito sorteggio, da effettuarsi subito dopo quello eseguito per completare il numero delle dieci partecipanti alla corsa.

Art. 26 - Estrazione delle Contrade - Annuncio al pubblico - Esposizione bandiere

Terminate le operazioni di sorteggio, le bandiere delle Contrade estratte per partecipare alla corsa, vengono esposte nell'ordine di estrazione, alle finestre del primo piano del Palazzo Municipale, dove già, fino dal mattino, debbono trovarsi quelle delle Contrade che partecipano di diritto alla corsa stessa. Nel caso di cui al comma secondo dell'Art. 24, le bandiere verranno esposte solo per rendere nota la disposizione delle Comparse nel Corteo Storico. Man mano che le bandiere delle Contrade estratte vengono esposte alle finestre, sono salutate dagli squilli dei Trombetti di Palazzo. Alle finestre del secondo piano del Palazzo Municipale, salutate all'inizio ed alla fine dagli squilli dei Trombetti, vengono esposte le bandiere delle Contrade che non partecipano al Palio, in ordine di estrazione ad eccezione di quelle escluse per punizione, che dovranno comunque essere collocate, in ordine alfabetico, agli ultimi posti.

Art. 27 - Palio Straordinario - Sorteggio delle Contrade - Modalità

Quando sia stato deliberato un Palio straordinario il Sindaco convoca i Capitani delle Contrade che non siano ritenute rinunciatarie in base all'Art. 2 non meno di dieci giorni prima della data fissata per il Palio stesso - dandone anche avviso al pubblico - per procedere al sorteggio delle dieci che debbono prendere parte alla corsa, come è prescritto nell'ultimo comma dell'Art. 4. Dato l'annuncio al pubblico dell'inizio della seduta con gli squilli dei Trombetti di Palazzo, il presidente colloca nell'urna soltanto i nomi delle Contrade ad esclusione di quelle che hanno rinunciato con le modalità stabilite per i Palii ordinari. Quindi ne estrae la prima, il Capitano di questa la seconda e così di seguito, fino al completamento delle dieci occorrenti per la corsa. L'ordine di estrazione determina quello di partecipazione delle rispettive comparse al Corteo Storico e pertanto il sorteggio deve continuare fino ad esaurimento delle Contrade. Anche in questo sorteggio il Presidente sostituisce i Capitani delle Contrade assenti, come stabilisce l'ultimo comma dell'Art. 21. Qualora venga estratta una Contrada che abbia in corso una punizione di esclusione questa verrà a questo punto eliminata, scontando così la punizione, e si procederà all'immediato sorteggio di altra Contrada. Del sorteggio della Contrada esclusa viene data notizia al pubblico mediante esposizione della bandiera ad una finestra del secondo piano del Palazzo Municipale in conformità a quanto previsto per i Palii ordinari.

Art. 28 - Palio Straordinario - Sorteggio delle Contrade - Annuncio al pubblico - Esposizione delle bandiere

Terminate le operazioni di sorteggio, le bandiere delle dieci Contrade che debbono partecipare alla corsa vengono esposte, salutate singolarmente dagli squilli dei Trombetti di Palazzo, nell'ordine di estrazione, alle finestre del primo piano del Palazzo Comunale. Alle finestre del secondo piano del Palazzo vengono esposte le bandiere delle Contrade non partecipanti al Palio con le stesse modalità previste dall'Art. 26 ultimo comma.

Art. 29 - Sorteggio delle Contrade - Divieto di partecipazione alle Contrade che abbiano fatto rinunce

Alle adunanze ed ai sorteggi di cui agli articoli da 20 a 27 non possono, per alcun motivo, prendere parte le Contrade che abbiano fatto rinunce di cui all'Art. 6 per i Palii ordinari e all'Art. 2 per i Palii straordinari, dovendo le rispettive Comparse partecipare solo al Corteo Storico nell'ordine stabilito dall'Art. 77.

Art. 30 - Sorteggio delle Contrade - Adunanza successiva con i Capitani delle dieci Contrade partecipanti

Esaurite tutte queste formalità per un Palio ordinario o straordinario, i Capitani delle dieci Contrade partecipanti alla corsa rimangono adunati per ricevere dall'Autorità Municipale comunicazioni di quanto essa ritenga opportuno disporre, o rendere noto circa lo svolgimento della corsa stessa e per la proposta di nomina del Mossiere.

Art. 31 - Nomina del Mossiere - Proposte dei Capitani

La nomina del Mossiere spetta alla Amministrazione Comunale, su proposta fatta dai Capitani. Ove i Capitani non facciano alcuna proposta, o se questa non venga accolta, o se manchi l'accettazione da parte della persona o persone designate, l'Amministrazione Comunale procede alla nomina d'ufficio.

Art. 32 - Adunanze dei Capitani - Solo per la corsa in oggetto - Esclusi argomenti generali Nelle adunanze convocate per i Palii ordinari o straordinari, i Capitani possono fare osservazioni, raccomandazioni e proposte solo per la corsa formante oggetto della riunione, esclusa ogni questione d'indole generale.

Art. 33 - Adunanze Capitani - Varie

Ogni questione che possa sorgere deve venire esaminata e risolta seduta stante con votazioni a semplice maggioranza. Il Presidente è investito di pieni poteri per la disciplina dell'adunanza. In caso di disordini, può espellere chi li abbia provocati o rinviare, o sciogliere la riunione. Il processo verbale deve essere seduta stante redatto dal funzionario comunale che disimpegna le mansioni di Segretario e venire letto, approvato e firmato prima che la seduta sia tolta. La fine della seduta viene annunciata al pubblico dagli squilli dei Trombetti di Palazzo.

Capitolo 4: Della presentazione, scelta ed assegnazione a sorte dei cavalli

Art. 34 - Presentazione, scelta, assegnazione dei cavalli - Predisposizioni

La presentazione, la scelta e l'assegnazione a sorte dei cavalli alle singole Contrade debbono venire effettuate nella mattina del terzo giorno avanti quello del Palio, tanto per le corse ordinarie, quanto per quelle straordinarie. Spetta all'Autorità Comunale di disporre quanto necessario affinché per il giorno predetto il "Campo" si trovi trasformato e attrezzato nel modo tradizionale e di promuovere dall'Autorità di P.S. le ordinanze e provvedimenti di sua competenza. Con ordinanza del Sindaco verrà stabilito l'orario massimo di presentazione dei cavalli nonché le modalità di consegna delle richieste certificazioni.

Art. 35 - Presentazione, scelta, assegnazione dei cavalli - Persone autorizzate ad eccedere alla Corte del Podestà

All'ora fissata di detto giorno debbono trovarsi nella Corte del Podestà del Civico Palazzo il rappresentante dell'Autorità Comunale, assistito da un Segretario e dal Veterinario Municipale, i Deputati della Festa ed i Capitani delle dieci Contrade partecipanti alla corsa. Ai Deputati della Festa ed ai Capitani viene consegnata una tessera di riconoscimento per poter accedere nella Corte del Podestà e partecipare a tutte le operazioni ed adunanze inerenti a questa fase della celebrazione cittadina. La tessera può da ogni Capitano, in caso di impedimento, venire ceduta ad uno dei propri "Fiduciari", purché la nomina di questi sia stata in precedenza approvata ai sensi dell'Art. 17. Quando manchi il rappresentante di una o più Contrade, le operazioni procedono ugualmente anche nei loro confronti, restando esse obbligate a ricevere in consegna il cavallo loro assegnato dalla sorte.

Art. 36 - Presentazione, scelta, assegnazione dei cavalli - Divieto di accesso alla Corte del Podestà alle persone non autorizzate
All'infuori delle persone specificatamente indicate nell'articolo precedente, dei proprietari e degli accompagnatori dei cavalli nonché dei fantini formanti oggetto degli articoli successivi, nonché degli impiegati ed agenti addetti alle operazioni di scelta, o incaricati del servizio d'ordine, nessun altro può avere accesso nella Corte del Podestà durante l'intiero svolgimento delle operazioni medesime.

Art. 37 - Presentazione, scelta, assegnazione dei cavalli - Modalità di presentazione dei cavalli - Commissione Veterinaria - Commissione per il reperimento cavalli
Ogni proprietario può presentare alla scelta uno o più cavalli. I cavalli presentati debbono avere morso e briglia, ma non sella e staffe ed essere accompagnati dal proprietario o da persona di sua fiducia. L'Autorità Comunale rilascia ad ogni proprietario ed eventualmente ad ogni accompagnatore di cavallo una tessera di riconoscimento per accedere alla Corte del Podestà ed assistere alle operazione della scelta. Nel caso di pluralità di proprietari di un medesimo soggetto la tessera può essere rilasciata ad uno solo dei proprietari. Nessun cavallo può essere accompagnato da altre persone oltre quelle suindicate eccezion fatta per il fantino che il proprietario intenda proporre per la prova. I cavalli per poter essere presentati, debbono essere stati sottoposti nei giorni immediatamente precedenti la tratta, su richiesta scritta dei proprietari, a visita da parte di una Commissione Veterinaria, che deve esprimere parere sull'idoneità sanitaria alle corse nel "Campo". Tale Commissione è nominata dalla Giunta Comunale e deve essere composta dal veterinario Comunale e da un altro Veterinario. I tempi e le modalità sia della richiesta da parte del proprietario che della visita veterinaria, saranno fissati dall'Autorità Comunale. Gli oneri relativi alle pre-visita di cui al precedente comma 6 sono sostenuti direttamente dai proprietari interessati e rimborsati dal Comune agli stessi proprietari solo nel caso di presentazione dei cavalli alla tratta. La Commissione

Veterinaria, prima della tratta, deve fornire all'Autorità Comunale, nei termini dalla medesima fissati, la nota dei cavalli previsitati, con i pareri espressi nelle previsite di cui al precedente comma 6 e di quelli che eventualmente siano stati individuati ai sensi del seguente comma 11. Detta nota sarà portata a conoscenza dei capitani delle Contrade ai fini della formazione delle batterie come previsto dal successivo Art. 42. "L'Amministrazione Comunale può inoltre incaricare apposita commissione della quale devono comunque far parte i Veterinari di cui sopra di procurare ed assicurare la presentazione, per il giorno della tratta, di un congruo numero di cavalli, sui quali la Commissione Veterinaria, abbia espresso parere sulla idoneità sanitaria alle Corse nel "Campo"." Ai proprietari dei cavalli prescelti dalla Commissione di cui al precedente comma 11 e ritenuti idonei a partecipare alla tratta che eventualmente non venissero scelti dai Capitani delle dieci Contrade partecipanti al Palio, sarà corrisposta dal Comune, a titolo di indennizzo una somma che verrà determinata di anno in anno dalla Giunta Comunale.

Art. 38 - Presentazione dei cavalli - Responsabilità dei proprietari - Obblighi del proprietario. La presentazione dei cavalli deve intendersi fatta a totale rischio e pericolo dei rispettivi proprietari, restando il Comune completamente esonerato da ogni e qualsiasi responsabilità per quanto ai cavalli stessi possa accadere nello svolgimento o per effetto di tutte le corse di prova e del Palio è tenuto perciò soltanto alla corresponsione posticipata del compenso stabilito a titolo di noleggio. Il testo della disposizione suddetta, riportato in apposito manifesto, deve essere affisso, e rimanervi per tutto il periodo delle corse in luogo ben visibile, nella Corte del Podestà. Deve inoltre venire comunicato, al momento della presentazione del cavallo, a ciascun proprietario, o suo rappresentante, il quale apponendo la propria firma in calce ad un esemplare del manifesto suddetto, attesterà di averne presa esatta conoscenza e di accettare senza riserve le condizioni in esso contenute. I cavalli prima di partecipare alle corse di prova sono sottoposti a verifica da parte del Veterinario Comunale. È obbligo di ogni proprietario di lasciare il proprio cavallo a disposizione dell'Amministrazione Comunale dal momento della presentazione fino al termine delle operazioni della tratta e, se prescelto, in uso alla Contrada fino a quando non sia stata effettuata la corsa del Palio. Il proprietario del cavallo che ha riportato la vittoria è tenuto a lasciarlo a disposizione della Contrada vincitrice anche per l'intero giorno successivo, per il tradizionale giro di onoranze ai protettori.

Art. 39 - Presentazione dei cavalli - Annotazione da apposito elenco, contrassegnato con numero d'ordine progressivo
Ogni cavallo presentato deve venire contrassegnato con un numero d'ordine progressivo e annotato in apposito elenco, con indicazione del nome, dei rispettivi dati segnaletici e dei segni particolari, nonché del cognome, nome e residenza del proprietario e del presentatore.

Art. 40 - Eventuale requisizione cavalli occorrenti - Compensi

Qualora il numero dei cavalli presentati sia inferiore a dieci, il Comune provvede alla requisizione dei cavalli occorrenti. L'indennità da corrispondersi per tali requisizioni è stabilita nel decreto che la dispone, tenendo presente il compenso assegnato dall'Amministrazione Comunale agli altri proprietari.

Art. 41 - Scelta dei cavalli - Corse di prova

Alla scelta dei cavalli presentati si procede per mezzo di corse di prova, in ciascuna delle quali ogni cavallo, montato da Fantino, deve compiere i tre giri della pista prescritti per il Palio. L'uscita dei cavalli dalla Corte del Podestà e l'arrivo al bandierino del traguardo sono segnalati dallo sparo del mortaretto. La mossa viene data nel modo tradizionale, fra due canapi, ed i cavalli sottoposti alla prova non possono recare altro distintivo che il numero progressivo col quale sono stati contrassegnati all'atto della loro presentazione. Il Mossiere adempie il suo compito dal Verrocchio, presso il quale deve trovarsi il tamburino. Durante le operazioni della mossa, nessuno, tranne gli agenti dell'ordine, può avvicinarsi al Verrocchio, che è riservato esclusivamente al Mossiere.

Art. 42 - Scelta dei cavalli - Suddivisione in batterie

I cavalli debbono correre nudi, suddivisi in batterie formate dai Capitani delle Contrade nel modo da essi ritenuto più rispondente allo scopo. Uno stesso cavallo può essere provato anche più di una volta, quando i Capitani lo giudichino necessario.

Art. 43 - Corse di prova - Fantini a disposizione del Comune - Obbligo di iscrizione in apposito elenco - Doveri

Nelle corse di prova di cui ai precedenti articoli i cavalli debbono essere montati da Fantini a disposizione del Comune: il Comune, a tal fine, utilizza i Fantini che, direttamente o tramite i proprietari dei cavalli, abbiano richiesto l'iscrizione in apposito elenco prima dell'inizio delle corse di prova sopracitate. Sono iscritti d'ufficio in tale elenco ed hanno l'obbligo di mettersi a disposizione del Comune, anche se si tratti di Palio straordinario, i Fantini che hanno preso parte all'ultimo Palio, con comminatoria di esclusione dal Palio in corso qualora essi non ottemperino a tale obbligo. Tali Fantini, che debbono aver raggiunto la maggiore età e che non debbono avere in corso punizioni riportate in Palii precedenti, non possono pretendere dal Comune alcun indennizzo per tutto quanto possa loro accadere nelle corse. Essi sono tenuti a montare i cavalli loro assegnati, indossando giubbetto bianco e berretto bianco e nero, forniti dal Comune ed a comportarsi correttamente. È loro vietato di servirsi di frustino, nerbo od altro mezzo consimile per incitare i cavalli durante la corsa, essendo ammesso soltanto l'uso degli speroni.

Art. 44 - Corse di prova - Disposizioni - Rinvio per pioggia

Per l'esecuzione delle corse di prova saranno osservate anche le particolari disposizioni emanate in proposito dalle Autorità competenti, ai sensi del secondo comma dell'Art. 34. In caso di pioggia le operazioni possono essere rimandate ad ora più conveniente dello stesso giorno, od anche al giorno successivo. Ogni decisione in proposito spetta all'Autorità Comunale, udito il parere dei Deputati della Festa e dei Capitani.

Art. 45 - Scelta dei cavalli - Adunanza

Compiute le prove dei cavalli presentati, che saranno sottoposti nuovamente a visita di controllo veterinaria, si procede alla scelta dei dieci occorrenti in una adunanza da tenersi in una sala del Palazzo Civico dai Capitani delle Contrade, sotto la presidenza del rappresentante dell'Autorità Comunale - assistito da un Segretario, dal Veterinario Comunale e dal Mossiere - e con l'intervento dei Deputati della Festa. In tale adunanza soltanto i Capitani hanno voto deliberativo, mentre il Veterinario ed il Mossiere hanno l'unico compito di fornire informazioni e pareri tecnici. In particolare il Veterinario comunale ha il compito di fornire un motivato parere tecnico su ogni soggetto, prima che abbia inizio la scelta. È in facoltà dei Capitani di chiedere che vengano esclusi dalla adunanza quelli di loro che siano proprietari di alcuno dei cavalli da scegliere, o che ne abbiano effettuata la presentazione per incarico del proprietario. Ogni eccezione e contestazione sulla incompatibilità dei presenti per questo motivo deve essere sollevata all'inizio della riunione e venire inappellabilmente risolta dal Presidente - udito il parere dei Deputati della Festa - prima che si passi alla discussione per la scelta.

Art. 46 - Adunanza per la scelta dei cavalli - Votazione - Procedura per eliminazione

Aperta l'adunanza, e risolute le eventuali eccezioni di cui al precedente articolo, i cavalli presentati e provati debbono venire singolarmente discussi, ed occorrendo posti in votazione, secondo il numero d'ordine col quale, all'atto della presentazione, essi furono contrassegnati. Le decisioni riguardanti la scelta vengono dai Capitani adottate a semplice maggioranza. Quando uno di essi lo richieda, la votazione ha luogo in forma segreta. Procedendo per eliminazione, deve essere compilata una nota comprendente i soli dieci cavalli prescelti, ai quali viene assegnato un nuovo numero d'ordine dall'1 al 10, in rapporto a quello progressivo di presentazione.

Art. 47 - Ritiro dei cavalli non prescelti

Avvenuta la scelta, i cavalli non accettati debbono dai rispettivi proprietari o presentatori venire ritirati, senza diritto ad alcun compenso, mentre i dieci prescelti, contrassegnati dal numero di cui all'ultimo comma del precedente articolo, applicato alla testiera della briglia, vengono condotti a mano dalle persone che li hanno presentati, in un recinto all'uopo predisposto dinanzi al Palazzo Comunale.

Art. 48 - Assegnazione dei cavalli - Modalità

In un palco, opportunamente decorato, eretto dal Comune presso il recinto di cui all'articolo precedente, ed elevato in modo da renderlo ben visibile al pubblico, debbono prendere posto il rappresentante dell'Autorità Comunale, assistito da un Segretario, i Deputati della Festa ed i Capitani, per procedere all'assegnazione a Sorte a ciascuna Contrada del cavallo con il quale dovrà partecipare al Palio. Davanti al palco debbono trovarsi, nello stesso ordine dei rispettivi Capitani, solo i dieci Barbareschi delle Contrade partecipanti al Palio, vestiti in costume, per prendere in consegna il rispettivo cavallo dopo avvenuto il sorteggio. All'uopo sono predisposte due urne girevoli: in una debbono venire poste, in modo a tutti palese, dieci tessere recanti i numeri progressivi da 1 a 10, quanti sono i cavalli da assegnare; nell'altra, sempre in modo palese, dieci tessere contenenti i nomi delle Contrade partecipanti al Palio. Ciascuna di dette tessere, prima di essere deposta nell'urna rispettiva, deve venire chiusa dal Presidente in apposita custodia. Tutte le custodie debbono essere identiche fra loro e non recare alcun segno di riconoscimento. Fatte girare volta a volta le urne, il Presidente procede al sorteggio facendo estrarre da due Paggetti prima un numero dall'urna dei cavalli, poi un nome da quello delle Contrade, e così di seguito, sino al completo esaurimento dell'operazione. Pubblicati mano a mano il numero del cavallo e il nome della Contrada cui la sorte lo ha assegnato, il Capitano della Contrada stessa, a mezzo del Barberesco, lo prende in consegna dal proprietario, col morso e la briglia coi quali il cavallo stesso è stato provato. L'inizio e la fine delle operazioni vengono annunciati al pubblico dagli squilli dei Trombetti di Palazzo.

Art. 49 - Assegnazione dei cavalli - Diritto d'uso delle Contrade - Responsabilità

Dal momento nel quale, in seguito al sorteggio di cui all'articolo precedente, il cavallo viene assegnato e consegnato alla Contrada, questa acquisisce il diritto di usarlo per i soli fini e nei modi stabiliti dal presente regolamento e assume l'obbligo di curarne la custodia ed il mantenimento. La Contrada resta peraltro completamente esonerata da ogni e qualsiasi responsabilità per quanto possa accadere al cavallo stesso nello svolgimento e per effetto di tutte le corse di prova e del Palio, nonché per i casi di forza maggiore che possono verificarsi mentre il cavallo e affidato alla custodia della Contrada medesima. Contravvenendo, la Contrada è passibile dell'esclusione dai Palii ordinari e straordinari per un periodo da uno a tre anni ed e tenuta a risarcire il proprietario di ogni eventuale danno che il cavallo avesse sofferto.

Art. 50 - Assegnazione dei cavalli - Obbligo di partecipazione alle prove - Divieto di sostituzione - Impossibilità di correre il Palio

Le Contrade sono tenute a partecipare alle corse di prova ed al Palio col cavallo loro assegnato. Nessuno può pretendere l'assegnazione di altro cavallo nel caso in cui quello avuto in sorte si venga a trovare nell'impossibilità di correre, o deceda per qualsiasi causa. In tali eventualità, mentre resta fermo per la Contrada l'obbligo di presentarsi insieme alle altre, con la propria Comparsa, nel Corteo Storico, viene meno il diritto di prender parte al Palio, senza che possa essere invocato a compenso uno speciale trattamento nei Palii successivi, importando ciò un'alterazione sostanziale nei turni stabiliti dall'Art. 4. È perciò assolutamente proibito alle Contrade di cambiare o sostituire, per qualsiasi motivo, il cavallo loro assegnato, sotto pena dell'esclusione per dieci anni dai Palii ordinari e straordinari e senza pregiudizio di ogni altra azione civile o penale contro i responsabili. Inoltre la Contrada che abbia cambiato o sostituito il cavallo si considera, ad ogni effetto, come non partecipante al Palio. L'impossibilità di correre il Palio per il cavallo avuto in sorte da una Contrada viene dichiarata dall'Autorità Comunale soltanto in caso di lesione gravissima o di malattia gravissima sopravvenuta, riconosciuta dalla Contrada interessata, oppure su conforme parere espresso a maggioranza da un Collegio Veterinario composto dal Veterinario Comunale, da uno nominato dal Magistrato delle Contrade e da un terzo di fiducia della Contrada interessata, scelto liberamente dalla medesima nell'albo professionale. Il Veterinario di fiducia del Magistrato delle Contrade viene nominato dal Magistrato stesso entro il mese di aprile di ogni anno e tale nomina, da notificarsi al Comune entro 10 giorni, ha effetto per tutte le corse dell'anno. Il Veterinario di fiducia della Contrada viene nominato, su invito dell'Autorità Comunale, dalla Contrada interessata ogni volta se ne presenti la necessità. Qualora la stessa Contrada non provveda, nonostante l'invito ricevuto, entro le ore 12 del giorno del Palio, procedono alla nomina stessa il Veterinario Comunale e quello eletto dal Magistrato, di comune accordo e la Contrada non può comunque opporsi o ricorrere contro tale decisione. Per promuovere la procedura di cui sopra il Veterinario Comunale da immediato avviso all'Autorità Comunale ogni volta constati che un cavallo ha riportato lesioni gravissime od è stato colpito da malattia talmente grave da far ritenere che possa trovarsi nell'impossibilità di correre.

Art. 51 - Incidenti nelle operazioni - Soluzioni
Ogni incidente che possa sorgere nelle operazioni relative alla scelta e assegnazione dei cavalli è risolto inappellabilmente dal rappresentante del Comune, uditi i Deputati della Festa.

Capitolo 5: Delle corse di prova e dei fantini

Art. 52 - Corse di prova - Obblighi delle Contrade
Le Contrade hanno l'obbligo di provare collettivamente i loro cavalli nel "Campo", nei giorni ed ore stabiliti dalla Autorità Comunale. Soltanto per circostanze eccezionali l'Autorità Comunale può autorizzare qualche Contrada a provare da sola il proprio cavallo, sempre nel " Campo " e nelle ore all'uopo prescritte. Secondo l'antica tradizione, le prove sono in numero di sei ed hanno luogo la mattina e la sera, a cominciare dal pomeriggio del giorno in cui è avvenuta la consegna dei cavalli, sino al mattino di quello nel quale deve effettuarsi il Palio. La prova pomeridiana del giorno che precede quello del Palio è chiamata "prova generale". Durante le prove, nelle due ore che le precedono e nell'ora successiva, è inibito alle singole Contrade di far effettuare alla propria Comparsa, nel "Campo", manifestazioni di qualsiasi genere

Art. 53 - Corse di prova - Ritardo o soppressione causa pioggia
Qualora, per pioggia, la pista sia impraticabile o pericolosa, il Sindaco, udito il parere, non vincolante, del Dirigente dell'Ufficio Tecnico Comunale e dei Deputati della Festa, può ritardare l'effettuazione della prova e, occorrendo, sopprimerla. Eguale facoltà è riservata al Sindaco per eventuali altre cause di forza maggiore. Dei provvedimenti assunti è data immediata comunicazione al pubblico mediante apposizione ad una delle trifore del Palazzo Comunale di una bandiera bianca in caso di ritardo e di una bandiera verde in caso di soppressione.

Art. 54 - Corse di prova - Obblighi delle Contrade - Assegnazione dei posti nel cortile del Podestà
Per le corse di prova ogni Contrada ha l'obbligo di inviare il proprio cavallo, con la briglia munita di pennacchiera, nella Corte del Podestà del Palazzo Civico, almeno mezz'ora prima di quella che per ciascuna prova l'Autorità Comunale abbia stabilita. Il cavallo deve essere condotto dal solo Barberesco, munito di berretto con coccarda con i colori della rispettiva Contrada, recante il costume da indossarsi dal fantino, e fatto accedere nella Corte del Podestà entrando nel "Campo" unicamente da via Rinaldini e percorrendo il tratto di discesa tra l'imbocco di tale via ed il Palazzo del Comune. Nella Corte, in attesa della prova, ciascun cavallo deve occupare il posto corrispondente al numero d'ordine che aveva al momento della sua assegnazione alla Contrada, ai termini dell'Art. 48

Art. 55 - Corte del Potestà - Persone autorizzate ad accedervi durante le prove
Nella Corte del Podestà, in occasione delle prove, possono accedere soltanto il rappresentante dell'Autorità Comunale con i funzionari, impiegati ed agenti addetti alle operazioni del Palio, od al servizio d'ordine, i Deputati della Festa, i Capitani delle Contrade partecipanti alla corsa, od uno dei loro Fiduciari, i Barbereschi che hanno condotto i cavalli ed i Fantini. Nessun'altra persona sarà ammessa, per qualsiasi motivo. I Capitani o coloro che li sostituiscono sono tenuti ad esibire ad ogni richiesta la tessera di riconoscimento rilasciata dall'Autorità Comunale.

Art. 56 - Corse di prova - Esonero dal parteciparvi
L'esonero delle Contrade dal partecipare ad ogni singola prova per impedimento sopravvenuto al cavallo, è disposto dall'Autorità Municipale in seguito a giudizio del Veterinario Comunale, previa visita da effettuarsi nella Corte del Podestà nella mezza ora antecedente alla corsa. Solo quando il cavallo sia nell'impossibilità di raggiungere la Corte suddetta, la Contrada deve darne avviso almeno tre ore prima della prova, all'Autorità Municipale, affinché la visita di controllo da parte del Veterinario Comunale venga effettuata nella stalla della Contrada. Trasgredendo alle disposizioni del presente articolo, la Contrada incorre nella sospensione dalla corsa del Palio.

Art. 57 - Finimenti del cavallo - Definizione
Tanto per le prove come per il Palio, i cavalli debbono correre provvisti della briglia con la pennacchiera portante i colori della Contrada alla quale vennero rispettivamente assegnati in sorte. Per briglia deve intendersi l'insieme dei finimenti (testiera, imboccatura e redini) provvisti eventualmente di paraocchi di foggia tradizionale e di paraombre. È proibito praticar loro fasciature di qualsiasi genere, applicare ginocchielli, o corredarli di tutto quanto potrebbe facilitarne la cavalcatura. È del pari vietato somministrar loro, in qualsiasi modo, sostanze eccitanti, praticare frizioni di ogni genere od applicar "perette". E ammesso soltanto che i cavalli corrano sferrati. Il Capitano di ciascuna Contrada è direttamente responsabile della stretta osservanza di tali disposizioni.

Art. 58 - Fantino - Scelta delle Contrade - Approvazione del Comune - Soprannome
Spetta alle Contrade provvedersi a loro completo carico del Fantino per il proprio cavallo, tanto per le prove, quanto per il Palio. I Capitani devono comunicare per iscritto all'Autorità Comunale, per la necessaria approvazione, la nomina del Fantino, indicandone anche il soprannome, per il Palio, subito dopo l'ultima prova. Il soprannome imposto nel corso della segnatura del Palio cui il Fantino prende parte per la prima volta non potrà in alcun modo essere successivamente modificato. In

tale occasione i Fantini, accompagnati dai rispettivi Capitani debbono essere presentati alla rassegna dell'Autorità Comunale e dei Deputati della Festa, muniti di giubbetto del tipo tradizionale. Per nessun motivo è consentito il cambiamento del Fantino dopo la rassegna di cui sopra e nel caso in cui la Contrada si trovi priva di Fantino, non potendosi condurre tra i canapi il cavallo scosso, resta esclusa dal Palio.

Art. 59 - Fantini - Divieti alle Contrade per la monta

E' vietato alle Contrade montare, tanto per le prove quanto per il Palio, Fantini che non abbiano raggiunto la maggiore età, o che abbiano in corso punizioni di esclusione, o che abbiano pendenti ricorsi avverso provvedimenti inflitti dagli organi competenti.

Art. 60 - Fantini - Responsabilità propria

Secondo la secolare tradizione i Fantini, per quanto ingaggiati dalle Contrade, corrono a totale loro rischio e pericolo. Anche il testo di questo articolo deve essere pubblicato con apposito manifesto nella Corte del Podestà e comunicato ai Fantini, com'è disposto all'Art. 38 per i proprietari dei cavalli.

Art. 61 - Fantini - Obbligo di indossare il giubbetto

I Fantini nelle corse di prova sono tenuti ad indossare giubbetto stemmato, pantaloni e berretto con i colori della Contrada che li ha ingaggiati, del tipo resultante dall'apposita tabella che si conserva presso il Comune. Si applicano anche alle prove le disposizioni contenute nell'Art. 43 ultimo comma circa il mezzo che ai Fantini è consentito per incitare i cavalli durante la corsa

Art. 62 - Chiamata delle Contrade per le prove - Ordine delle mosse

La chiamata delle Contrade dalla Corte del Podestà alla mossa, è fatta mediante un rullo di tamburo e lo sparo di un mortaretto I cavalli debbono essere fatti procedere al passo e sostare presso i canapi, per attendere il loro turno d'ingresso. Il giorno del Palio i cavalli dovranno essere fatti sostare di fronte al Civico Palazzo, possibilmente in linea ordinata, e i Fantini, alzando il nerbo, renderanno gli onori all'Autorità Municipale su comando del Direttore di Polizia o chi per esso. Nelle corse di prova le Contrade debbono prendere posto nell'interno dei canapi nei seguenti ordini tradizionali: Prima prova - ordine nel quale le Contrade furono estratte a sorte per partecipare al Palio;
Seconda prova - ordine suddetto invertito;

Terza prova - ordine d'estrazione delle Contrade per l'assegnazione dei cavalli;
Quarta prova - ordine suddetto invertito;
Quinta prova - ordine avuto dai cavalli per procedere alla loro assegnazione;
Sesta prova - ordine suddetto invertito.

Art. 63 - Fantini - Dipendenza Autorità Comunale e Mossiere

I Fantini, dal momento in cui escono dalla Corte del Podestà montati sul loro cavallo per recarsi alla mossa, passano alla esclusiva dipendenza dell'Autorità Comunale e del Mossiere. È perciò proibito sia ai Capitani che ai loro Fiduciari di trattenersi nella pista, o presso i canapi, per impartire ordini, disposizioni o per prendere accordi con i Fantini suddetti. È altresì vietato ai Fantini di mutarsi gli indumenti.

Art. 64 - Fantini - Obblighi per la Mossa

È stretto dovere dei Fantini entrare prontamente tra i canapi nell'ordine di chiamata, prendere il posto che a ciascuno spetta secondo l'ordine stesso e tenersi a giusta distanza l'uno dall'altro, restando loro assolutamente vietato di cambiar posto o di collocare il proprio cavallo in modo da impedire od ostacolare la partenza ai compagni. È pure loro vietato rimanere al canapo, o scendere da cavallo all'atto della mossa, per astenersi dalla corsa, o per far correre il cavallo scosso. I contravventori sono passibili della sospensione temporanea o della esclusione a vita dalle corse.

Art. 65 - Mossa - Validità

La mossa ha luogo quando il Mossiere abbassa il canapo con la volontà di far partire i cavalli: la caduta del canapo è segnalata dal rullo di un tamburo. Il Mossiere è il solo giudice inappellabile del momento in cui la mossa è da darsi e della sua validità. La mossa non valida è segnalata dallo scoppio di uno o più mortaretti, il cui congegno è comandato direttamente dal Mossiere a mezzo di un dispositivo a pulsante azionato elettricamente. Qualora per cause di forza maggiore tale dispositivo non possa funzionare lo scoppio è provocato da un addetto al mortaretto al quale il Mossiere rivolge apposito invito. Lo scoppio del mortaretto sospende comunque la corsa; in tal caso i Fantini debbono subito fermare i cavalli e ricondurli al passo:
a) al punto di partenza, se il Mossiere sia stato costretto ad abbassare il canapo, per qualunque motivo, senza peraltro voler dare la mossa;
b) al Cortile del Podestà, se il Mossiere abbia avuto intenzione di dare la mossa, ma questa sia risultata, a suo giudizio, non valida ed il Mossiere stesso abbia segnalato tale circostanza, dopo lo scoppio, sventolando una bandiera verde ed issandola, poi, sul Verrocchio.

Art. 66 - Fantini - Obbligo di compiere tre giri

E' obbligo di tutti i Fantini di far compiere ai rispettivi cavalli i tradizionali prescritti tre giri della pista, ma quando, per minor velocità del proprio cavallo, alcuno di essi rimanga distanziato, all'udire lo sparo del mortaretto segnalante l'arrivo del vincitore al bandierino del traguardo e la conseguente fine della corsa, ha il dovere di fermarsi nel più breve tempo possibile evitando, comunque, di porre in pericolo, correndo, l'incolumità del pubblico.

Art. 67 - Fantini - Divieti durante la corsa

E' vietato ai Fantini, tanto alla mossa, quanto nel percorso, tenersi tra loro, sporgere la spalla o il braccio l'uno sul petto dell'altro per costituirgli impedimento, percuotersi o comunque personalmente molestarsi. Soltanto per il Palio è ammesso l'uso del tradizionale nerbo (tendine di bue) nel modo disposto al successivo Art. 84. I contravventori sono passibili delle penalità previste nell'ultimo comma dell'Art. 64.

Art. 68 - Fantini - Obbligo di mettersi fuori giostra se doppiati

Quando, per deficienza di velocità del cavallo avuto in sorte, una o più Contrade siano raggiunte da altre, in vantaggio di un giro, si considerano e devono mettersi fuori giostra, per non arrecare alle altre, in qualsiasi modo, impedimento o molestia. I Fantini che contravvengono sono passibili delle penalità di cui nell'ultimo comma dell'Art. 64.

Art. 69 - Fantini caduti - Soccorsi

Ai Fantini caduti da cavallo non può essere prestato aiuto per risalirvi. A sottrarli da eventuali pericoli ed a raccoglierli per i soccorsi del caso, provvedono le squadre delle Associazioni di assistenza, all'uopo disposte lungo il percorso. I Fantini caduti, che possano prontamente risalire a cavallo senza aiuti e continuare la corsa, non perdono alcuno dei diritti che loro competono nella corsa stessa, purché apparisca chiaro che la caduta fu fortuita e non simulata allo scopo di prender tempo per danneggiare, percuotere o fermare qualche avversario. Verificandosi quest'ultimo caso, i Fantini sono passibili delle penalità di cui all'ultimo comma dell'Art. 64.

Art. 70 - Vittoria della corsa

La vittoria è conseguita dalla Contrada il cui cavallo, data validamente la mossa, dopo aver compiuti tre giri della pista, giunge, anche scavezzato, per primo al bandierino di traguardo posto dinanzi al Palco dei Giudici, e ciò ancorché il Fantino, durante la corsa, fosse caduto. L'arrivo è segnalato da un rullo di tamburo e dallo sparo di un mortaretto. Il giudizio inappellabile della vincita è dato da una Commissione composta di tre membri nominata dalla Giunta Municipale, Commissione che assiste alla corsa da posti appositi nel Palco dei Giudici

Art. 71 - Vincita della prova - Privilegi o premi

La vincita delle prove non porta alla Contrada alcun privilegio o premio, non avendo tali corse altro scopo che l'addestramento dei cavalli. Soltanto per la prova generale è dall'Amministrazione Comunale costituito un premio da assegnarsi al Fantino vincitore.

Capitolo 6: Del corteo storico e della corsa del Palio

Art. 72 - Corteo Storico - Composizione

Secondo la tradizione, ogni corsa del Palio è preceduta dallo sfilamento di un Corteo Storico, che costituisce una rievocazione figurata degli ordinamenti, dei costumi e della grandezza della Medioevale Repubblica Senese, con particolare riguardo alle Contrade, le quali, con le loro Comparse, ne formano la parte principale. I Gruppi e le Figurazioni delle quali il Corteo si compone e l'ordine in cui deve svolgersi resultano dal prospetto schematico annesso al presente regolamento (allegato B) A tutto il complesso del Corteo è applicabile la disposizione di cui al secondo comma dell'Art. 9. Per le raffigurazioni delle parti del Corteo che non rappresentano Contrade occorre l'assenso dell'Autorità Comunale.

Art. 73 - Composizione delle Comparse della Contrada

La Comparsa, che ciascuna Contrada partecipante al Palio ha obbligo di far intervenire al Corteo in sua rappresentanza, deve essere composta come segue: Un Tamburino, due Alfieri (giocatori di bandiera), il Duce fiancheggiato da due Uomini d'Arme, un Paggio porta Insegna recante la bandiera ufficiale della Contrada, due Paggi Vessilliferi, che recano le insegne delle antiche compagnie militari, il Fantino montato sul Soprallasso (cavallo di parata) condotto a mano da un palafreniere, il Barbero (cavallo da corsa) avuto in sorte dalla Contrada, condotto a mano dal Barberesco. Per le Contrade che non corrono, la Comparsa, che anche esse sono obbligate ad inviare al Corteo, manca del Barbero e del Soprallasso. Tutti i Figuranti sopra indicati, eccezion fatta per il Fantino, debbono avere idonea prestanza fisica ed essere vestiti coi costumi della rispettiva Contrada, quali risultano dai bozzetti approvati dall'Autorità Comunale, senza di che la Comparsa non può essere ammessa al Corteo. Quest'ultima disposizione vale anche per le bandiere portate dai

Figuranti, i bozzetti delle quali debbono essere sempre sottoposti alla preventiva approvazione del Comune. Art. 74 - Abrogato Abrogato con delibera della GM n. 808 del 10.6.1955 ratificata dal cc il 20.6.1955 n. 143.

Art. 75 - Note delle Comparse - Approvazione

La nota delle persone prescelte a figurare nella Comparsa della rispettiva Contrada deve essere prodotta al Comune almeno due giorni prima di quello del Palio, affinché sia dall'Autorità Comunale approvata. In caso di mancata approvazione totale, o parziale degli elementi proposti, ne viene dato avviso senza motivazioni al Capitano, il quale è tenuto a provvedere all'immediata sostituzione ed a presentare al Comune una nuova nota da concordare.

Art. 76 - Contrade - Obbligo di montare il fantino sul Soprallasso

È vietato alle Contrade di far rappresentare nella Comparsa il Fantino da altro figurante montato sul Soprallasso, nello sfilamento del Corteo, o di esimersi, sotto qualsiasi pretesto, di farvi intervenire il cavallo da corsa (Barbero). Soltanto in casi eccezionali, e cioè quando l'eccessiva irrequietezza del cavallo desse luogo ad inconvenienti o pericoli, l'Autorità Comunale, udito il parere dei Deputati della Festa, ha facoltà di disporre che venga condotto direttamente nella Corte del Podestà.

Art. 77 - Contrade - Ordine di partecipazione al Corteo Storico

L'ordine col quale ciascuna Contrada deve partecipare al Corteo, si riassume come segue:
I Palii ordinari nel quali non si siano avute rinunce di cui all'Art. 6. Precedono le Comparse delle sette Contrade che corrono di diritto, nell'ordine in cui furono estratte nel sorteggio effettuato per il corrispondente Palio dell'anno innanzi; seguono le altre tre partecipanti al Palio e quindi le sette rimanenti, nell'ordine nel quale furono all'uopo sorteggiate rispettivamente ai sensi degli Artt. 22 e 23.
II Palii ordinari nei quali si siano avute rinunce di cui al citato Art. 6.
a) quando le rinunce, per il loro numero, non abbiano dato luogo al sorteggio previsto dall'ultimo comma del detto Art. 6: precedono le comparse delle contrade che corrono di diritto, nell'ordine di estrazione dell'anno innanzi; seguono quelle delle altre sorteggiate ai sensi dell'Art. 22 per completare il numero di dieci, pure nell'ordine di estrazione dell'anno innanzi; seguono quelle delle altre che corrono di diritto nel corrispondente Palio dell'anno successivo, nell'ordine venuto a risultare dal sorteggio di cui all'Art. 23 ed infine quelle delle Contrade rinunciatarie, in ordine alfabetico;
b) quando le rinunce per il loro numero abbiano invece dato luogo al sorteggio pre-

visto dall'ultimo comma del predetto Art. 6: precedono le Comparse delle Contrade che corrono di diritto, nell'ordine di estrazione dell'anno innanzi; seguono quelle delle altre che hanno acquisito il diritto di correre, nell'ordine determinato dall'apposito sorteggio di cui all'Art. 25; vengono quindi quelle delle Contrade eventualmente rinuncianti, ma obbligate a partecipare alla corsa, nell'ordine del sorteggio previsto dall'ultimo comma dell'Art. 6 ed infine, in ordine alfabetico, quelle delle rimanenti sette Contrade rinunciatarie.

III Palii straordinari ai quali partecipino tutte le Contrade.
Precedono le Comparse delle dieci Contrade che corrono e seguono le altre sette, nel rispettivo ordine di estrazione di cui all'Art. 27.

IV Palii straordinari ai quali alcune Contrade abbiano rinunciato. Precedono le Comparse delle dieci Contrade che corrono nell'ordine di estrazione; seguono quelle delle altre Contrade ammesse al sorteggio parimenti nell'ordine di estrazione, e vengono infine, in ordine alfabetico, le Comparse delle Contrade rinunciatarie. Quando si abbiano Contrade escluse dal partecipare al Palio per punizione, le relative Comparse, in tutti i casi sopra considerati, debbono essere, in ordine alfabetico, ultime del Corteo. L'ordine come sopra stabilito per ogni singolo caso non può essere modificato per alcun motivo.

Art. 78 - Riunione delle Comparse per il Corteo Storico

La riunione delle Comparse, complete di tutti gli elementi che le compongono, degli altri gruppi di Figuranti e la formazione del Corteo Storico, si effettuano alle ore e nei luoghi prescritti dall'Autorità Comunale, a cura di Funzionari ed Agenti da questa a ciò delegati. Per dirigerne e disciplinarne lo sfilamento, la Giunta Municipale nomina un Maestro di Campo, il quale, vestito in apposito costume, esplica le proprie funzioni, coadiuvato da alcuni Rotellini di Palazzo.

Art. 79 - Doveri dei Figuranti

È dovere di tutti coloro che sono chiamati a figurare nel Corteo di tenere un contegno corretto e disciplinato, uniformandosi senza discutere agli ordini loro impartiti dal Maestro di Campo e dai Rotellini, e di cooperare, in quanto da ciascuno possa dipendere, alla migliore riuscita di questa parte della celebrazione. In particolar modo è loro proibito, durante il percorso nel "Campo" di fumare, gridare, soffermarsi per parlare con spettatori, prendere bibite od altro, togliersi il copricapo od altra parte del costume, o portare oggetti che non facciano parte di questo. I contravventori sono punibili con la sospensione temporanea o con l'espulsione a vita da fare parte del Corteo.

Art. 80 - Obbligo dei Figuranti di prendere posto nel palco riservato

Entrando nel "Campo", dalla Bocca del Casato, al segnale dato con lo sparo di un mortaretto, il Corteo ha il suo svolgimento nella pista, sino al palco eretto dinanzi al Palazzo Civico, palco nel quale, dopo avere deposto le armi, le insegne e gli altri oggetti portati nel Corteo, tutti i Figuranti che non abbiano altri speciali incarichi debbono ordinatamente prender posto. Nessun Figurante, sino a quando la corsa del Palio non sia terminata, può scendere, per qualsiasi motivo o pretesto, dal palco suddetto, sotto pena dell'immediato allontanamento dalla piazza e delle sanzioni previste nell'ultimo comma dell'articolo precedente. All'infuori dei Figuranti in costume, nessun altro può accedere e prender posto nel palco delle Comparse.

Art.81 - Corteo Storico - Sfilamento

Durante lo sfilamento del Corteo, che sarà accompagnato dal suono continuo del Campanone della Torre del Mangia, dalla Marcia del Palio eseguita dai Musici Comunali e dagli squilli dei Trombetti di Palazzo, gli Alfieri di ciascuna Comparsa delle Contrade partecipanti al Palio, dopo aver compiuto l'alzata di saluto all'ingresso nel "Campo", al rullo del tamburo debbono eseguire soltanto quattro sbandierate, e cioè, la prima dinanzi al Palco dei Giudici, la seconda all'altezza della Fonte Gaia, la terza dinanzi al Palco dei Priori, e la quarta dinanzi alla Cappella Comunale. Le sette Contrade che non prendono parte alla corsa dovranno entrate nella pista una di seguito all'altra senza fermarsi per le, sbandierate d'obbligo di cui sopra, e dovranno eseguire una sola sbandierata a comando del Maestro di Campo, non appena saranno tutte e sette sistemate nella pista. Il Maestro di Campo si avvarrà, per ordinare la sbandierata, di un segnale fatto eseguire da due Paggetti che sosterranno uno al Palco dei Giudici ed uno al Palco delle Comparse. Le Contrade saranno sistemate nel semicerchio compreso tra il Casato e San Martino. Le medesime eseguiranno l'alzata delle bandiere all'ingresso del "Campo" (Bocca del Casato) e durante il percorso, prima e dopo la sbandierata, sventoleranno le bandiere. A sfilamento ultimato, un Alfiere per ogni Contrada ed il rispettivo Tamburino, sono tenuti a partecipare ad una sbandierata finale collettiva di fronte al Palazzo Civico, quale omaggio all'Autorità del Comune. Le sbandierate debbono venire dagli Alfieri eseguite nella maniera tradizionale, con aggraziati movimenti e giuochi, che diano risalto alla loro abilità, ma senza eccessivi virtuosismi che richiedano un tempo maggiore di quello stabilito dal Maestro di Campo, cui spetta il compito d'imporre la cessazione e di segnalare tutte le infrazioni all'Autorità Comunale, per i provvedimenti disciplinari del caso.

Art. 82 - Corteo Storico - Sbandierata collettiva - Ritiro del costume del Fantino

Terminato, coll'effettuazione della sbandierata collettiva, il Corteo Storico, mentre dai Valletti del Comune viene portato nel Palco dei Giudici il Palio da assegnarsi alla Contrada vincitrice, come è disposto in successivi articoli, i Barberi e i loro Fantini, riuniti nella Corte del Podestà, debbono tenersi pronti per la corsa. In detta Corte oltre alle persone tassativamente indicate nell'Art. 55, per le prove, è ammessa ad accedere per la sera del Palio, per ciascuna Contrada, soltanto una persona incaricata di recare il costume che il Fantino deve indossare per la Corsa e di ritirare quello di parata indossato dal Fantino stesso nel Corteo. Il nome di detto incaricato deve essere preventivamente reso noto alla Autorità Comunale, insieme con quelli dei componenti la Comparsa.

Art. 83 - Contrade - Divieto di ritiro del cavallo

Le Contrade non possono, per alcun motivo (tranne che per assoluta impossibilità fisica preventivamente accertata, com'è prescritto all'Art. 56) ritirare il proprio cavallo dal Palio, in qualunque fase della celebrazione e quali che siano gli incidenti che possano verificarsi. Contravvenendo, le Contrade sono passibili dell'esclusione dai due Palii successivi, ordinari o straordinari. Art. 84 - Corsa del Palio - Obblighi e divieti per i fantini Per la corsa del Palio, i Fantini sono tenuti ad indossare il costume della foggia prescritta dall'Art. 61 per le prove, ma il berretto deve essere sostituito da uno zucchetto metallico, dipinto coi colori della Contrada, per la protezione della testa. Ad ogni Fantino è poi consentito l'uso degli speroni e di un nerbo (tendine di bue) fornito a tutti dal Comune, di tipo uniforme, tanto per incitare maggiormente il cavallo proprio, quanto per battere ed ostacolare con esso i Fantini avversari ed i loro cavalli durante il percorso. I Fantini non possono però fare uso del nerbo suddetto sugli avversari e loro cavalli sino a che, data la mossa, non abbiano raggiunto il bandierino di traguardo. Il nerbo viene consegnato a ciascun Fantino da un Vigile Urbano al momento dell'uscita dalla Corte del Podestà per recarsi alla mossa. Nella Corte del Podestà, prima di salire a cavallo, i Fantini debbono essere perquisiti, per accertare che non rechino seco altri mezzi d'offesa.

Art. 85 - Corsa del Palio - Ordine di chiamata al canape

Anche per il Palio la chiamata delle Contrade dalla Corte del Podestà alla mossa si effettua nella forma stabilita per le prove dal I° e II° comma dell'Art. 62. Per l'ordine d'ingresso e l'occupazione del posto al canapo, debbono osservarsi le norme seguenti:
1. l'ordine di presentazione delle Contrade al canapo è indicato da un mezzo meccanico di cui in appresso si specificano le caratteristiche. a) il mezzo meccanico di cui trattasi è composto di una vasca serbatoio, da un tubo a doppia camicia e da dieci sfere, dette comunemente barberi, di spessa materia (legno e plastilina) con i colori

delle Contrade partecipanti alla corsa. b) la vasca serbatoio di forma ovoidale dovrà avere una cubatura sei volte superiore alla cubatura complessiva dei dieci barberi; il tubo a doppia camicia dovrà essere munito nella parte esterna di dieci fori di diametro leggermente inferiore a quello dei barberi, in modo che ogni barbero corrisponda esattamente al relativo foro e tali fori dovranno, ben marcatamente, essere numerati dal n. 1 al n. 10 ed avranno forma circolare ad eccezione dell'ultimo segnato col n. 10 che dovrà avere forma quadrata per indicare la Contrada di rincorsa; c) i barberi dovranno essere di ugual peso, forma e dimensione.

2.Il dispositivo sarà tenuto in custodia dall'Amministrazione Comunale e un Funzionario dell'Amministrazione dovrà consegnare, a tempo debito ai Signori Deputati della Festa, riuniti nel Palco dei Giudici, tre esemplari del mezzo meccanico per le tre mosse, completamente separati nelle parti che lo compongono, nonché trenta barberi, onde procedere alle operazioni necessarie per l'indicazione dell'ordine delle mosse. Ognuno dei tre tubi dovrà portare ben visibile il numero che lo distingue e cioè n. 1, n. 2 e n. 3.

3.I Signori Deputati della Festa prenderanno in consegna i tre esemplari ed al momento in cui lo riterranno più opportuno deporranno, in presenza dei dieci Capitani, i barberi nella vasca serbatoio, dieci per ogni vasca e rappresentante ciascuno una delle Contrade che corrono, indi innesteranno il tubo nella vasca, avendo cura di isolare i barberi dal tubo a mezzo della apposita serranda. Procederanno poi al rimescolamento dei barberi e, aperta la serranda, lasceranno che i barberi, liberamente defluendo, si dispongano lungo il tubo chiuso con la doppia camicia. Tale operazione dovrà essere ripetuta tante volte quante occorrono per l'approntamento di tutti i tre tubi; compiuta tale operazione si applicheranno i sigilli a mezzo di apposita impiombatura, disinnestando la vasca serbatoio. I tubi sigillati verranno disposti ciascuno nella propria cassetta in attesa del segnale che indica l'uscita dei Fantini dal Cortile del Podestà.

4.Quando i Fantini, montati sui rispettivi cavalli ed avviati alla mossa, raggiungeranno l'altezza della curva del Casato, si estrarrà il tubo della prima mossa, contraddistinto dal n. 1 e si toglieranno i sigilli. Facendo ruotare la camicia si porrà in evidenza l'ordine di presentazione per la 1a mossa.

5.Immediatamente sarà dettato al Funzionario Comunale, incaricato di trascrivere detto ordine su tre moduli predisposti, l'ordine di presentazione delle Contrade al canapo, nel modo stesso in cui queste vengono indicate dalla numerazione impressa sul tubo, e cioè la Contrada il cui barbero andrà a porsi nel foro contraddistinto col n. 1 andrà a collocarsi al primo posto e così via per i rimanenti barberi fino a quello di rincorsa. Compilati i tre elenchi i detti Deputati cureranno che un esemplare venga rimesso al Mossiere, altro esemplare al Comandante o al Graduato degli Agenti Municipali incaricato della chiamata, mentre il terzo resterà a disposizione degli stessi Deputati della Festa o dei Signori Capitani per opportuna conoscenza.

6.Qualora la prima mossa non risulti valida l'operazione sarà ripetuta col tubo contraddistinto dal n. 2 e così via per la terza col tubo contraddistinto dal n. 3. Ove le tre mosse non siano sufficienti e si debba procedere a successive partenze l'ordine di queste sarà quello della prima, seconda e terza mossa, ma invertito.

7. Terminato il Palio il dispositivo sarà consegnato dai Signori Deputati della Festa all'Amministrazione Comunale per la custodia.

Art. 86 - Abrogato Abrogato con deliberazione del C.C. n. 111 del 3.6.1952.

Art. 87 - Corsa del Palio - Applicabilità articoli precedenti

Salva ogni particolare disposizione espressamente riferentesi alla corsa del Palio, sono applicabili a tutto quanto concerne lo svolgimento della corsa stessa le norme che disciplinano l'effettuazione delle prove, norme contenute negli Artt. 41, penultimo e ultimo comma, 54 ultimo comma, 57, 59, 60, 63, 64, 65, 66, 67, 68, 69 e 70.

Art. 88 - Vincita del Palio - Consegna Drappellone - Esposizione bandiera alla Trifora

Quando la mossa sia stata valida ed i Giudici della Vincita abbiano emesso il loro inappellabile verdetto sull'esito della corsa, il Palio viene subito consegnato dal Rappresentante l'Autorità Comunale e dai Deputati della Festa al Capitano della Contrada vincitrice, il quale provvede a farlo prendere da persona di sua fiducia e a farlo trasportare nella sede della Contrada stessa nella festevole forma tradizionale. La bandiera della Contrada vincitrice, salutata dagli squilli dei Trombetti, viene subito esposta ad una finestra centrale del primo piano del Palazzo Comunale e vi rimane anche per l'intero giorno successivo.

Art. 89 - Divieto di fare partiti

È proibito qualunque partito, o accordo diretto a far vincere il Palio ad una piuttosto che ad un'altra Contrada.

Art. 90 - Rinvio del Palio per pioggia

In caso di pioggia che si verifichi durante lo sfilamento del Corteo Storico, o che, anche cadendo in precedenza, abbia resa la pista impraticabile o pericolosa, l'Autorità Comunale, udito il parere dei competenti propri uffici, dei Deputati della Festa e dei Capitani delle Contrade partecipanti alla corsa, ha facoltà di rimandare il Palio al giorno successivo e di rinviarlo ulteriormente, se ciò fosse reso necessario dal permanere delle avverse condizioni atmosferiche. All'Autorità Comunale è pure riservata facoltà di rinviare, in accordo con l'Autorità di P.S. l'effettuazione del Palio, per motivi che interessino l'ordine pubblico.

Art. 91 - Diverbi sul Palco dei Giudici

Qualora nel Palco dei Giudici sorgessero, durante o dopo la corsa, contestazioni o diverbi tra coloro che sul Palco stesso prendono posto, la forza pubblica potrà intervenire soltanto quando uno dei Deputati della Festa lo richieda.

Art. 92 - Relazione dei Deputati della Festa

Nei sette giorni successivi a quello nel quale il Palio sia stato effettuato, i Deputati della Festa debbono rimettere all'Assessore Delegato una particolareggiata relazione in merito all' organizzazione ed all'intero svolgimento del Palio stesso, segnalando ogni circostanza che meriti rilievo o che richieda provvedimenti. La relazione dei Deputati della Festa è l'unico documetno sulla base del quale l'Assessore Delegato procede alle conseguenti proposte sanzionatorie. Della relazione debbono far parte integrante i rapporti scritti degli Ispettori della Pista e del Mossiere e tutti gli atti e/o documentazioni acquisiti nei cinque giorni successivi al Palio, termine entro il quale i Deputati possono sentire i Priori e/o i Capitani delle Contrade nonché i Fantini su specifici atti. Ogni atto e/o documentazione, pervenuti successivamente al quinto giorno non possono essere accettati.

Capitolo 7: Dei premi

Art. 93 - Drappellone - Caratteristiche - Esposizioni - Proprietà

Tanto per le corse ordinarie, quanto per quelle straordinarie, alla Contrada vincitrice è dal Comune assegnato in premio un Palio (Drappellone di seta dipinto) dal quale la Festa ha tratta la sua denominazione. Secondo la tradizione, esso reca in alto, per la corsa del 2 Luglio, l'immagine di Maria Santissima che si venera nella Chiesa di Provenzano e per quella del 16 Agosto, l'immagine di Maria Vergine Assunta in cielo. Reca poi sempre la data della corsa, lo stemma della Balzana, eventualmente insieme agli altri due del Comune, gli stemmi degli antichi Terzieri della Città e quelli del Capo dell'Amministrazione Comunale in carica e delle dieci Contrade che corrono. Quanto alla parte allegorica, nei Palii ordinari, qualora il Comune non creda di prescriverne il soggetto, è libero il pittore di proporlo, mentre per i Palii straordinari, che possono avere anche foggia diversa, oltre la data e le figurazioni araldiche sopra indicate deve farsi in modo preminente riferimento alla circostanza, od all'avvenimento per cui la corsa è stata effettuata, affinché possa costituire un autorevole documento storico. Il Drappellone è solennemente trasportato, per il Palio del 2 Luglio, nella Chiesa di S. Maria in Provenzano, e per quello del 16 Agosto, in Duomo, rispettivamente dopo la prova generale e prima della terza prova e vi rimane esposto fino a quando deve venire issato sul Carroccio, per il Corteo Storico. Al trasferimento prendono parte le Rappresentanze del Comune e del Magistrato delle Contrade, i Deputati della Festa, i Priori e i Paggi delle dieci Contrade che corrono, tutti precedentemente riuniti presso il Palazzo Comunale. Il Palio rimane in proprietà della Contrada vincitrice, la quale però ha l'obbligo di restituire entro l'anno al Comune il piatto d'argento, che lo sormonta.

Art. 94 - Drappellone - Pittura

La pittura del Palio o Drappellone di cui all'articolo precedente è commissionata dall'Amministrazione Comunale all'artista vincitore del concorso che la stessa Amministrazione può indire di volta in volta con il rispetto di termini che assicurano al concorrente almeno trenta giorni per la presentazione del bozzetto ed al vincitore del concorso almeno sessanta giorni per l'esecuzione dell'opera. Il compito di stabilire le modalità del concorso spetta alla Giunta Municipale, la quale nomina anche la Commissione preposta a giudicare i bozzetti presentati ed a designare il vincitore. La Commissione giudicatrice sarà composta oltre che dal Sindaco, o da un Assessore da lui delegato, che la presiede, da quattro membri, di cui uno designato dal Magistrato delle Contrade. Avvenuta la scelta tutti i bozzetti ritenuti idonei saranno esposti al pubblico. Per motivi di opportunità o di urgenza la pittura del Palio può essere commissionata direttamente dalla Giunta Municipale ad un artista di fiducia.

Art. 95 - Premio in denaro alla Contrada vincitrice

Oltre il Palio o Drappellone di seta dipinto, di cui ai precedenti articoli il Comune, secondo la tradizione; assegna a favore della contrada vincitrice un premio consistente in:
a) n. 70 monete d'argento riproducenti monete dell'antica Repubblica Senese, per il Palio del 2 Luglio;
b) n. 50 monete d'argento riproducenti monete dell'antica Repubblica Senese, per il Palio del 16 Agosto.
Per le corse straordinarie l'Amministrazione Comunale stabilisce volta per volta se sia da assegnare anche il premio in denaro ed in quale misura. Alla Contrada vinci-

trice viene poi dal Sindaco rilasciata una attestazione ufficiale della vittoria conseguita e dell'avvenuta sua iscrizione nel registro generale, che si conserva presso l'Archivio del Comune. Certificato analogo viene rilasciato al Fantino.

Art. 96 - Premio al proprietario del cavallo vittorioso

Al proprietario del cavallo vincitore il Comune assegna in premio, tanto per i Palii ordinari che straordinari, una bandiera di seta recante lo stemma della Città e la data della corsa e corrisponde poi anche un premio in denaro, il cui ammontare viene di volta in volta stabilito.

Capitolo 8: Penalità e disposizioni finali

Art. 97 - Contrade: punizioni previste

Per le infrazioni documentate alle disposizioni contenute nel presente Regolamento, nei riguardi delle quali non sia già specificatamente stabilita la sanzione relativa e per altre mancanze che, sebbene non contemplate nel Regolamento medesimo, abbiano tuttavia recato pregiudizio, o danno, alla preparazione, allo svolgimento o al decoro del Palio, le Contrade sono passibili, a seconda della gravità dell'infrazione o della mancanza commessa delle seguenti punizioni: a) Censura; b) Deplorazione; c) Esclusione dal partecipare ad uno o più Palii, ordinari e straordinari, sino ad un periodo massimo di dieci anni, fermo rimanendo l'obbligo di far intervenire la Comparsa al Corteo Storico.

Art. 98 - Punizioni alle Contrade - Modalità di Comminazione

La punizione delle Contrade rientra nella competenza esclusiva, dell'Amministrazione Comunale. L'Assessore delegato, sulla scorta della Relazione dei Deputati della Festa, notifica alle Contrade le proposte, motivate con apposito atto, dei provvedimenti da comminare alle medesime. Nei dieci giorni successivi alla notifica, a pena di decadenza le Contrade possono far pervenire alla Giunta Comunale memorie difensive con eventuali allegazioni probatorie di qualsiasi genere. Le Contrade, tramite gli Onorandi Priori o i loro delegati hanno diritto di consultare la Relazione dei Deputati della Festa e di estrarre copia della medesima e di tutti gli allegati ivi compresa eventuale documentazione filmata e/o fotografica, per tutto quanto è connesso e collegato al provvedimento, formulato all'Assessore Delegato. La Giunta Comunale, senza la partecipazione dell'Assessore delegato, e dopo aver preso visione delle proposte di sanzione e delle eventuali memorie difensive, delibera con contestuale motivazione da notificarsi alle Contrade interessate. Avverso le delibere della Giunta che debbono essere adottate entro la chiusura dell'anno contradaiolo (30 novembre di ogni anno) non è ammesso alcun tipo di ricorso. Qualora entro i cinque Palii successivi a quello in cui una Contrada è incorsa nella sanzione prevista al punto a) dell'Art. precedente la medesima Contrada incorra per altre tre volte in analoga infrazione, alla stessa verrà applicata automaticamente la sanzione della deplorazione. Qualora entro i nove Palii successivi a quello in cui una Contrada è incorsa nella sanzione di cui al punto b) dell'Art. precedente, la medesima Contrada incorra per altre due volte in analoga infrazione, alla stessa verrà applicata automaticamente la sanzione dell'esclusione dalle prove e dal Palio immediatamente successivi. Di ogni punizione che sia stata inflitta ad una o più Contrade deve essere data comunicazione scritta al Magistrato delle Contrade.

Art. 99 - Punizioni ai Fantini - Modalità di comminazione

Per le infrazioni regolamentari o per altre mancanze commesse dai Fantini si applicano, a seconda della loro gravità, le seguenti punizioni: a) Ammonizione; b) Esclusione per un tempo determinato o a vita, dal montare cavalli di Contrade tanto per le prove quanto per il Palio. L'Assessore Delegato sulla sola scorta della relazione dei Deputati della Festa, notifica ai Fantini le proposte motivate con apposito atto dei provvedimenti da comminare ai fantini medesimi. Nei dieci giorni successivi alla notifica a pena di decadenza, i fantini possono far pervenire alla Giunta Comunale, memorie difensive con eventuali allegazioni probatorie di qualsiasi genere. I Fantini, o loro delegati hanno diritto di consultare la Relazione dei Deputati della Festa e di estrarre copie della medesima e di tutti gli allegati, ivi compresa documentazione filmata e/ o fotografica per tutto quanto connesso e collegato al provvedimento formulato dall'Assessore delegato. La Giunta Comunale, senza la partecipazione dell'Assessore delegato e dopo aver preso visione della proposta di punizione e delle eventuali memorie difensive, delibera con contestuale motivazione da notificarsi ai fantini interessati. Avverso le delibere della Giunta Comunale, che debbono essere adottate entro la chiusura dell'anno contradaiolo (30 novembre di ogni anno), non è ammesso alcun tipo di ricorso. Qualora entro tre Palii effettivamente disputati e successivi a quello in cui un fantino sia incorso nella sanzione prevista al punto a) del presente articolo, il medesimo incorra in analoga infrazione, allo stesso verrà applicata automaticamente la sanzione dell'esclusione dalle prove e dal Palio immediatamente successivo. Di ogni punizione che si sia inflitta ad uno o più fantini deve essere data comunicazione scritta al Magistrato delle Contrade. Art. 99bis - Raccolta delle sanzioni comminate A cura dell'Amministrazione Comunale deve essere istituita e costantemente aggiornata una raccolta delle delibere di Giunta concernenti l'applicazione delle sanzioni. Ciò al fine di costituire un indirizzo sanzionatorio di riferimento nell'esercizio delle funzioni regolamentari, i cui scostamenti devono essere adeguatamente motivati.

Art. 100 - Punizioni a Fantini e Contrade - Provvedimenti d'urgenza

Quando si tratti di infrazioni per le quali sia già prevista nel presente Regolamento la penalità dell'esclusione di Fantini o di Contrade dal partecipare al Palio imminente, o di mancanze non contemplate espressamente, ma di tale gravità da rendere necessaria tale esclusione, il provvedimento viene adottato d'urgenza dall'Assessore Delegato, tanto per i Fantini, quanto per le Contrade, su rapporto dei Deputati della Festa o del Mossiere, udite le parti interessate ed ha immediata esecuzione, sempre che il provvedimento di sospensione del Fantino sia comunicato prima della rassegna di cui all'Art. 58 ultimo comma. Se comunicato successivamente la sospensione avrà effetto per il Palio o i Palii successivi.

Art. 101 - Responsabilità oggettiva delle Contrade

Agli effetti punitivi l'Ente Contrada è responsabile dei deliberati del proprio Seggio, nonché degli ordini impartiti dal Priore o da chi ne eserciti le funzioni e dal Capitano, o suoi coadiutori, per tutto ciò che concerne la Festa dei Palio È altresì responsabile del contegno della propria Comparsa, del fantino e dei propri contradaioli quando sia stato tale da provocare incidenti o tumulti o da turbare il regolare svolgimento delle prove o del Palio, nonché di ogni atto o fatto che sia idoneo ad arrecare pregiudizio al regolare svolgimento della celebrazione in qualunque suo momento, tenuto conto del carattere indubbio di continuità che collega le fasi preparatorie, di svolgimento e di conclusione della celebrazione del Palio. L'Assessore Delegato potrà tenere conto, ai fini della graduazione delle punizioni, del comportamento dei dirigenti che hanno la responsabilità della Contrada secondo quanto stabilito dal presente Regolamento.

Art. 102 - Disposizioni o provvedimenti imprevisti

Ogni disposizione o provvedimento che si rendesse necessario adottare per circostanze o fatti inerenti alle operazioni preparatorie, od allo svolgimento delle prove, o del Palio, che non siano previsti nel presente Regolamento, rientra nelle competenze dell'Autorità Comunale, uditi i Deputati della Festa ed occorrendo, i Capitani delle Contrade partecipanti alla corsa. Nei casi d'urgenza e ove manchi la presenza del Rappresentante l'Autorità Comunale, i Deputati della Festa sono autorizzati a provvedere, salvo riferirne al Sindaco con speciale rapporto.

Art. 103 - Precisazioni - Assessore Delegato

Per l'applicazione delle disposizioni contenute nel presente Regolamento che non abbiano specifico riferimento ai vari organi del Comune, si precisa che essa è di competenza della Giunta Municipale là dove si parla di Amministrazione Comunale, mentre rientra nelle competenze del Sindaco, di chi per legge lo sostituisce, o dei suoi delegati, tutto quanto il Regolamento stesso demanda all'Autorità Comunale. Con l'espressione "Veterinario Municipale" è indicato il medico veterinario che l'Amministrazione Comunale nomina per l'espletamento delle funzioni previste dal presente Regolamento. L'Assessore Delegtato viene nominato dal Sindaco con apposito atto, e svolge il ruolo attraverso ordinanze.

Art. 104 - Entrata in vigore

Il presente Regolamento entrerà in vigore dopo la approvazione da parte del Consiglio Comunale e la sua pubblicazione all'albo pretorio per il periodo di quindici giorni. Ogni modificazione rientra nelle competenze del Consiglio Comunale, udito il Magistrato delle Contrade.

Art. 105 - Abrogazioni

Dalla data di entrata in vigore del presente Regolamento restano abrogati quello approvato in data 18 ottobre 1906, con le successive modifiche, ed ogni altra disposizione contraria.

Il Palio agli inizi del XIX secolo.

Paggio Maggiore della Pantera con la montura del 1904.

Allegati al regolamento

Allegato A - Elenco delle 17 contrade

Con la indicazione dell'insegna, titoli e colori

TERZIERE DI CITTÀ

1. *Aquila* (Nobile) - Un'Aquila imperiale bicipite. (Giallo con liste nere e turchine).
2. *Chiocciola* - Una Chiocciola. (Giallo e rosso con liste turchine).
3. *Onda* - Un delfino natante. (Bianco e celeste).
4. *Pantera* - Una Pantera rampante. (Rosso e turchino con liste bianche).
5. *Selva* - Un albero con arredi da caccia ed un rinoceronte. (Verde e arancio con liste bianche).
6. *Tartuca* - Una Tartaruga. (Giallo e turchino).

TERZIERE DI S. MARTINO

7. *Civetta* - Una Civetta. (Nero e rosso con liste bianche).
8. *Leocorno* - Un Leocorno. (Bianco e arancio con liste turchine).
9. *Nicchio* - (Nobile) - Una Conchiglia di mare. (Turchino con liste gialle e rosse).
10. *Torre* - Un Elefante con una torre sul dorso. (Rosso con liste bianche e turchine).
11. *Valdimontone* - Un Montone. (Rosso e giallo con liste bianche)

TERZIERE DI CAMOLLIA

12. *Bruco* (Nobile) - Un Bruco. (Giallo e verde con liste turchine).
13. *Drago* - Un Dragone volante. (Rosso e verde con liste gialle).
14. *Giraffa* - Una Giraffa. (Bianco e rosso).
15. *Istrice* - Un Istrice armato. (Bianco con liste nere, rosse e turchine).
16. *Lupa* - Una Lupa romana. (Bianco e nero con liste arancio).
17. *Oca* (Nobile) - Un'Oca. (Bianco e verde con liste rosse).

Emblemi delle 17 Contrade

Allegato B - Schema del corteo storico.

I° GRUPPO

6 Mazzieri del Comune
1 Vessillifero del Comune a cavallo con palafreniere
4 Comandatori
18 Tamburini di Palazzo
12 Trombetti del Comune con chiarine d'argento
30 Musici di Palazzo con strumenti musicali
67 Vessilliferi della Città, Podesterie, Terre e Castelli dell'antico Stato Senese
1 Vessillifero, 1 Tamburino, 3 Balestrieri della città di Massa Marittima
1 Vessillifero, 1 Tamburino, 4 Arcieri della Città di Montalcino

II° GRUPPO

Vessillifero del Capitano del Popolo
3 Paggi del Capitano del Popolo, recanti targa, elmo e spada del Capitano
Capitano del Popolo a cavallo con palafreniere
3 Gonfalonieri dei Terzi a cavallo con palafreniere
3 Centurioni dei Terzi a cavallo con palafreniere
3 Capitani delle Masse dei Terzi a cavallo con palafreniere

III° GRUPPO
Rappresentanza dello Studio Senese
2 Tamburini
1 Vessillifero
1 Rettore
4 Docenti
4 Studenti

IV° GRUPPO
Corporazioni delle Arti

1 Vessillifero della Mercanzia
3 Magistrati della Mercanzia
2 Tamburini del Popolo
6 Rappresentanti del popolo di ciascuna contrada preceduti dal Vessillifero che inalbera l'insegna dell'Arte caratteristica di ogni Contrada:
Aquila - Notai
Bruco - Setaioli
Chiocciola - Cuoiai
Civetta - Calzolai
Drago - Banchieri
Giraffa - Pittori
Istrice - Fabbri
Leocorno - Orafi
Lupa - Fornai
Nicchio - Vasai
Oca - Tintori
Onda - Falegnami
Pantera - Speziali
Selva - Tessitori
Tartuca - Maestri di Pietra
Torre - Battilana
Valdimontone - Ligrittieri

V° GRUPPO

1 Paggio Porta - Masgalano
2 Paggi di scorta

VI° GRUPPO
Comparse delle 10 Contrade partecipanti alla Corsa

Tamburino
2 Alfieri giocatori di bandiera
Duce con due uomini d'arme
Paggio Maggiore porta insegna con due Paggi vessilliferi
Fantino sul Soprallasso (Cavallo da parata) con Palafreniere
Barbero (Cavallo da corsa) recato alla briglia dal Barberesco

VII° GRUPPO
12 Paggi del Comune recanti festoni di alloro

VIII° GRUPPO
Comparse delle 7 Contrade non partecipanti alla Corsa
Tamburino
2 Alfieri giocatori di bandiera
Duce con due uomini d'arme
Paggio Maggiore porta insegna con due Paggi vessilliferi (seguono altri 6 gruppi simili)

IX° GRUPPO
6 Cavalieri con palafreniere delle Contrade soppresse:
Gallo, Leone, Orso, Quercia, Spadaforte, Vipera

X° GRUPPO
Vessillifero dei Balestrieri
Capitano dei Balestrieri
2 Tamburini
4 Pavesari
4 Balestrieri con balestra grande
16 Balestrieri con balestruccio

XI° GRUPPO
Capitano di Giustizia a cavallo con palafreniere
4 Fanti di scorta armati di roncone

XII° GRUPPO
Carroccio trainato da quattro buoi
4 Bovari
Sul Carroccio prendono posto:
I quattro di Balia
1 inserviente porta Palio
1 valletto che suona la Martinella

6 Trombetti
8 Fanti di scorta al Carroccio, armati di roncone

XIII° GRUPPO
6 Cavalieri con palafreniere di alcune antiche famiglie nobili senesi:
D'Elci Pannocchieschi, Piccolomini, Salimbeni, Salvani, Tolomei, Ugurgieri

XIV° GRUPPO
6 Paggi del Comune recanti un festone di alloro.

La Comparsa della Tartuca con la liverea giallo- nera in uso nel XIX secolo

BIBLIOGRAFIA ESSENZIALE.

AA.VV., *Dizionario della civiltà etrusca*, Firenze, 1985.
AA.VV., *Cultura contadina in Toscana - Il lavoro dell'uomo*, vol. I, Firenze, 1982.
AA. VV.,*Guerre e assoldati in Toscana 1260-1364*, Firenze, 1982.
AA. VV. *Guida all'Italia leggendaria, misteriosa, insolita, fantastica*, III, *Toscana, Lazio, Umbria*, Milano, 1971.
AA. VV., *Guida al Palio*, Siena, 1997.
AA.VV., *Il Museo Nazionale Etrusco di Villa Giulia*, Roma, 1980.
AA.VV., *Siena, Santa Maria della Scala. Guida al Museo Archeologico*, a cura di Debora Barbagli, Giuseppina Carlotta Cianferoni, Milano, 2008;
AA.VV., *Toscana terra di cavalli*, Firenze, 1998.
AA.VV., *Visioni di Palio*, Siena 2003.
Alla ricerca di Montaperti. Mito, fonti documentarie e storiografia, Siena 2009
T. Argiolas, *Armi ed eserciti del Rinascimento italiano*, Roma, 1983.
M. Ascheri, *Storia di Siena dalle origini ai giorni nostri*, Pordenone 2013.
M. Ascheri, *Siena e la città-stato del Medioevo*, Betti, 2003.
M. Ascheri, *Siena nella storia*. Vol. 1, Milano, 2000.
M. Ascheri, *Spazio storico di Siena*. Vol. 2, Milano, 2001.
M. Ascheri, *Storia di Siena. Dalle origini ai giorni nostri*, Milano, 2013.
Ass. la Diana, *L'acqua di Siena. Dai bottini medievali all'acquedotto del Vivo*, Siena, 2005.
A. Azzaroli, *Il cavallo nella storia antica*, Milano, 1975
D. Balestracci, *La festa in armi*, Roma- Bari, 2001
D. Balestracci, *la battaglia di Montaperti*, Roma- Bari, 2017.
U. Barlozzetti, *L'arte della guerra nell'età della Francigena*, Firenze, 1998.
C. Bellugi, *La battaglia di Pievasciata e lo scempio di Montaperti*, Siena, 2004.
L. Betti , A. Falassi, *Il Palio - La festa della città*, Siena, 2003.
M. Biliorsi, *Guida magica di Siena. Storie di fantasmi, streghe, diavoli, lupi mannari, vampiri e guaritori*, Siena, 2008.
W. M. Bowsky, *Un comune italiano nel Medioevo: Siena sotto il regime dei Nove*, Bologna, 1986.
O. Browning, *The Age of Condottieri. A short history of medieval Italy from 1409 to 1530*, London. 1895.
V. Buonsignori, *Storia della Repubblica di Siena*, 2 voll, Siena, 1856.
J. Burckhardt., *La civiltà del Rinascimento in Italia*, Roma, 1987.
M. Calvesi, *Il mito dell'Egitto nel Rinascimento*, Firenze, 1988.
E. Canti, *Andare a cavallo*, Milano, 1968.
F. Cardini, *La guerra nella Toscana bassomedievale*, in "Guerre e assoldati in Toscana

1260-1364", Firenze, 1982.

F. Cardini, *Cavalleria e vita cavalleresca*, in "Guerra e guerrieri nella Toscana del Rinascimento", Firenze, 1990.

F. Cardini, *Storie Fiorentine*, Firenze, 1994.

F. Cardini, *Quell'antica festa crudele. Guerra e cultura dal Medioevo alla Rivoluzione francese*, nuova ed., Bologna 2013.

G. Chittolini, *La crisi degli ordinamenti comunali e le origini dello stato del Rinascimento*, Bologna, 1979.

M. Civai, E. Toti, *Palio, la corsa dell'anima*, Siena, 1995.

M. Civati, E. Toti, *Il Sogno del Medioevo. Le bandiere delle Contrade del Museo Stibbert e i carri trionfali del corteo storico del Palio*, Siena, 2005.

F. Coarelli, R. Tamassia, *L'influsso greco ed etrusco nello sviluppo dei giochi e delle gare atletiche nel mondo romano*, in "Lo sport nel mondo antico", Roma, 1987.

A. Colli, *Montaperti. La battaglia del 1260 tra Firenze e Siena e il castello ritrovato*, Siena, 2005.

G. Colonna, *Il dokanon, il culto dei Dioscuri e gli aspetti ellenizzanti della religione dei morti nell'Etruria tardo-arcaica*, Roma, 1996.

C. Cresti, *Fate e folletti della Toscana. Creature magiche, mostri, orchi e altri esseri fantastici delle leggende, delle favole e delle tradizioni toscane*, Firenze, 2012.

F. Cumont, *Astrologia e religione presso i greci e romani*, tr.it. Milano, 1990.

M. Cristofani, *Siena: le origini, testimonianze e miti archeologici*, Firenze 1979.

J. De Grossi Mazzorin, *Il cavallo domestico in Italia peninsulare e l'inizio della sua diffusione*, in "L'Età del Bronzo in Italia nei secoli dal XVI al XIV a.C. - Rassegna di Archeologia" n. 10, 1991-1992.

A. Dei, *Alcuni finimenti equini dal circolo vetuloniese degli Acquastrini: osservazioni e problemi*, in "Rassegna di Archeologia" n. 13, 1996.

A. Dosi, F. Schnell, *Spazio e tempo - vita e costumi dei romani antichi*, n.14, Roma, 1992.

L. Douglas, *Storia Politica e Sociale della Repubblica di Siena*, Siena 1926.

A. Dundes, A. Falassi, *La terra in Piazza. Antropologia del Palio*, Siena, 2005.

A. Emiliozzi, a cura di, *Carri da guerra e principi etruschi*, Roma, 1997.

A. Falassi, G. Catoni, *Palio*, Siena, 1982.

R. Filiani, *"Daccelo!" - Cronache, personaggi e numeri di un secolo di palio*, Siena 2000

C. Finzi, *La guerra nel pensiero politico del Rinascimento toscano*, in "Guerra e guerrieri nella Toscana del Rinascimento", Firenze, 1990.

A. Fiorini, *Siena. Immagini, testimonianze e miti nei toponimi della città*, Siena, 1991.

R. Fiorini, *Bestiario Senese. Simbologia e storia degli animali totemici delle Contrade*, Siena, 2007.

R. Fiorini, *Palio e nobiltà*, Siena, 2017,

R. Forzoni, *La battaglia di Montaperti: i misteri dei luoghi svelati dalla tradizione orale*, Asciano, 1991

L. Fusai, *La storia di Siena dalle origini al 1559*, Siena 1987.

E. N. Gardiner, *Athletics of the ancient World*, Oxford, 1930.

M. Gattoni, *Palio e Contrade nel rinascimento. I cavalli dei Gonzaga marchesi di Mantova al Palio di Siena*, Siena, 2010.

E. Giannelli e M. Picciafuochi, *Ora come allora. Carriere e fantini dalle origini del Palio a oggi*, Siena 2006.

P.E. Giudici, *Storia dei comuni italiani.*, Firenze, 1966.

V. Grassi, *Le Contrade di Siena e le loro feste - Il Palio attuale*, Siena, 1972.

F. Guicciardini, *Storia d'Italia*, Torino, 1971.

J. R. Hale. *La civiltà del Rinascimento in Europa (1450-1620)*, Milano, 1994.

W. Heywood, *Nostra donna d'agosto e il Palio di Siena*, Siena, 1993.

L. R. Lacy, in *Case e palazzi d'Etruria*, Milano, 1985.

Yann Le Bohec, *L'esercito romano*, Roma, 1992.

C. Leland, *Etruscan Roman Remains in Popular Tradition*, London, 1892.

H. M. R. Leopold, *La religione di Roma*, Genova, 1988.

Le Arme delle Famiglie Nobili di Siena (...), Roma, 1716.

A. Liberati Silverio, *Le associazioni giovanili*, in "Lo sport nell'antichità", Roma, 1987.

R. Marchionni, *I Simboli delle Contrade del Palio di Siena*, Siena, 1995.

R. Marchionni, *Battaglie senesi (1) - Montaperti 1260*, Siena, 1996.

R. Marchionni, *Eserciti toscani (1) - Senesi e fiorentini a Montaperti*, Siena, 1996.

R. Marchionni, *Battaglie senesi (2) - Val di Chiana 1363*, Siena, 1997.

G. Mazzini, *La Compagnia del Drago in Camporegio. Gli albori delle Contrade alla luce del primo documento sulla loro storia*, Siena, 2000.

G. Mazzini, *Ad hoc ut exercitus sit magnus et honorabilis pro Comuni. L'esercito senese alla battaglia di Montaperti*, in *Alla ricerca di Montaperti. Mito, fonti documentarie e storiografia*, Siena, 2009.

G. Mazzini, *Innalzate gli stendardi vittoriosi! Dalle compagnie militari alle Contrade (Siena, XII-XVI secolo)*, Siena, 2013.

Mauro Menichetti, *L'oinochoe di Tragliatella: mito e rito tra Grecia ed Etruria*, in "Ostraka" I, n.1, 1992.

E. Mireaux, *I Greci al tempo di Omero*, Milano, 1972.

G. Palmieri Nuti, *Compendio di storia senese. Dalle origini della città all'anno 1559*, Siena, 1948.

F. Ohly, *La cattedrale come spazio dei tempi: il Duomo di Siena*, Siena, 1979.

C. Paoli, *La battaglia di Montaperti: memoria storica*, Siena, 1869.

T. Paoli, A. Rinaldi, *Il suono della guerra*, in "Leoni Vermigli e candidi liocorni", Quaderni del Museo Civico di Prato, n.1.

A. Pastorino, *Religiosità romana dalle Storie di Tito Livio*, Torino, 1960.

A. Pecchioli, a cura di, *Il palio di Siena*, Roma, 1974.

A. Pecchioli, *La repubblica di Siena*, Roma, 1976.

G. Pico della Mirandola, *Disputationes adversus astrologiam divinatricem*, a cura di E.

Garin, vol. 2, Firenze, 1946 e 1952.
S. Profeti, *Il segreto della mossa*, Siena 1985.
A. Rastrelli, *Lo sport nell'Italia antica – manifestazioni e discipline sportive in Grecia e in Etruria*, Firenze, 2002.
C. Romei, *La fauna e l'allevamento*, in "Etruria meridionale - conoscenza, conservazione, fruizione", atti del convegno, Roma, 1988.
A. Romualdi, *I veicoli dal Tumulo dei Carri di Populonia. Necropoli di San Cerbone*, in "Carri da guerra e principi etruschi", Roma, 1997.
D. Sabbatucci, *La religione di Roma antica – Dal calendario festivo all'ordine cosmico*, Milano, 1988.
B. Santi, *Il pavimento del duomo di Siena*, Firenze, 2003.
M.M. Satta, "Il simbolismo ambivalente dell'acqua, fonte di vita e strumento di morte", in *Sacer*, XIII, n.13 (2006).
A. Savelli, "'Siena, questa figlia prediletta di Maria'. Episodi e forme del culto mariano a Siena in età moderna", *Rivista di storia e letteratura religiosa*, XLIX, n.3, 2013
A. Savorelli, *Il palio di Siena e i suoi simboli*, Firenze, 1999.
V. Serino "Cultura ermetica e spiritualità 'altre' a Siena nel Rinascimento", *Hiram* n. 3/2005.
M. Torelli, *La società etrusca*, Roma, 1987.
F. Yates, *Giordano Bruno e la tradizione ermetica*, tr.it. Roma-Bari, 1989.
A. Zazzeroni, *L'araldica delle Contrade di Siena*, Siena, 1980.

Una bibliografia più completa sul palio può essere consultata sul sito
https://www.ilpalio.org/libri.htm

Siti utili

Comune di Siena
http://www.comune.siena.it/La-Citta/Palio
Consorzio per la Tutela del Palio di Siena
http://www.ctps.it/
il Palio. org
https://www.ilpalio.org/
Il Palio. Siena. it
http://www.ilpalio.siena.it
Il tesoro di Siena
http://www.iltesorodisiena.net/
Il Paliodisiena.eu
http://www.ilpaliodisiena.eu/

Siti di Contrada

Nobile Contrada dell'Aquila
http://www.contradadellaquila.com/
Nobile Contrada del Bruco
http://www.nobilcontradadelbruco.it/
Contrada della Chiocciola
http://www.contradadellachiocciola.it/
Contrada Priora della Civetta
http://www.contradadellacivetta.it/
Contrada del Drago
http://www.contradadeldrago.it/
Imperiale Contrada della Giraffa
http://www.contradadellagiraffa.it/
Sovrana Contrada dell'Istrice
http://www.istrice.org/
Contrada del Leocorno
http://www.contradaleocorno.it/
Contrada della Lupa
http://www.contradadellalupa.it/
Nobile Contrada del Nicchio
https://www.nobilecontradadelnicchio.it/#/home
Nobile Contrada dell'Oca
http://www.contradadelloca.it/
Contrada Capitana dell'Onda
http://www.contradacapitanadellonda.com/
Contrada della Pantera
http://www.contradadellapantera.it/
Contrada della Selva
http://www.contradadellaselva.it/newsito/
Contrada della Tartuca
http://www.tartuca.it/
Contrada della Torre
http://www.contradadellatorre.it/
Contrada di Valdimontone
https://www.valdimontone.it/